Learn French With Short Stories Parallel French & English Vocabulary for Beginners

The Adventures of Clara in Lyon: Culture & Beauty in France's Historic Heart

French Hacking

Copyright © 2024 French Hacking

All rights reserved. No part of this publication may be reproduced, distributed or transmitted in any form or by any means, including photocopying, recording, or other electronic or mechanical methods, without the prior written permission of the publisher, except in the case of brief quotations embodied in critical reviews and certain other non-commercial uses permitted by copyright law.

Trademarked names appear throughout this book. Rather than use a trademark symbol with every occurrence of a trademarked name, names are used in an editorial fashion, with no intention of infringement of the respective owner's trademark. The information in this book is distributed on an "as is" basis, without warranty. Although every precaution has been taken in the preparation of this work, neither the author nor the publisher shall have any liability to any person or entity with respect to any loss or damage caused or alleged to be caused directly or indirectly by the information contained in this book.

"One language sets you in a corridor for life. Two languages open every door along the way."

- **Frank Smith**

French Hacking

French Hacking is a revolutionary educational language learning company focused on teaching individuals how to learn French in the shortest time possible. Our mission is for our students to develop a command of the French language by utilizing the hacks, tips, and tricks included in the learning materials we create. We want our students to become confident in their speaking abilities as they advance their conversational skills by teaching what's necessary without having to learn the finer details that don't make much of a difference or aren't even used in the real world.

Unlike our competitors, who have books geared toward multiple languages, our language learning books are dedicated exclusively to learning French. Our focus on only one language allows us to truly concentrate on creating superior educational materials.

Our books are created by native French speakers and then put through a vigorous editing process with two more native French editors and proofreaders to ensure the highest quality content. Rest assured that you are learning proper grammar and syntax as you read through our books.

The unique formatting of our books will give you the best experience possible as you learn French! The bilingual English and French text appear side-by-side for easy reference without needing a dictionary. With fun images for each chapter, you will better visualize the scenes within the story and stay engaged. Reading is an immersive experience, and we want to make learning fun and enjoyable.

There are no other books like ours on the market. Let us help accelerate your journey to learn French with our fun and effective educational materials that make learning French a breeze!

About this book

This book offers a distinctive approach to mastering French through an immersive experience, blending delightful storytelling with a practical learning format.

As you embark on this adventure, you will notice that each chapter is presented twice: once in French alone and once in parallel text with side-by-side translations, featuring the original French text alongside its English counterpart. Our goal is to provide you with an authentic and engaging way to learn French as it is spoken and written.

We want to highlight that the English translations are crafted from the original French, focusing primarily on conveying the meaning and essence of the text. This means that, at times, the translations might not follow the typical structures or idioms of standard English. Such instances are intentional, aiming to give you a deeper understanding of the French language, including its unique expressions and nuances.

This method encourages you to think in French, rather than simply translating words. As you progress through the stories, you will find yourself naturally grasping the French language, appreciating its beauty, and understanding its context more clearly.

Who's it for?

This book is written for students who are just starting out, all the way to intermediate French learners (if you're familiar with the Common European Framework of Reference - CEFR, it would be the equivalent to A1-B1).

Why you'll enjoy this book

- Not a kid's story, they have too many wizards and animals that you don't use in everyday speech.
- The story line is interesting and something you can relate to, unlike children's books.
- There is relevant vocab you can use right away which will motivate you to read more.
- No dictionary needed as there are easy to follow translations next to each paragraph.

How to get the most out of this book

1. Read the chapter all in French and see how much you can pick up on.
2. Read the side by side French/English section to fill in any gaps you weren't able to understand.
3. Download the audio and have a listen.
4. Listen to the audio while simultaneously reading the story.

BONUS!

Enhance your learning experience with a complimentary Audiobook and PDF of this book! Discover the details on the back page.

Table of Contents

Main characters 1

1. Reprise sérieuse des cours 2
2. Fête de la Chandeleur 13
3. Premiers jours de beau temps : Lyon à vélo 24
4. Vacances de février : on va au ski ! 36
5. Fin des Alpes : raclette avec les nouveaux amis 47
6. Retour à l'Université : réformes et grèves 58
7. On va à un concert de chanson française 71
8. C'est la fin de l'hiver… on attend le printemps ! 84
9. Les résultats des examens arrivent enfin… 96
10. Fin de semestre : Promenade et Musée des Confluences 109
Bonus 1 120
Bonus 2 124
Answers 136

Main Characters

The French family:

1. Reprise sérieuse des cours

Le mois de février **commence**... Déjà un mois ! Et la fac reprend **maintenant** très sérieusement. Ce lundi matin de la première semaine de février, Clara a deux cours avec Valentine. Elles ont des cours magistraux le **matin**, en amphithéâtre. L'après-midi, elles n'ont qu'un TD (travaux dirigés). Elles profitent de l'après-midi libre pour aller étudier à la bibliothèque de l'Université. Les deux amies ont déjà pris leurs **habitudes** : elles passent d'abord à la photocopieuse pour copier les cours de Valentine, et ensuite elles vont à la BU – bibliothèque universitaire. Clara **prend** beaucoup de notes, mais c'est encore trop **difficile** pour elle d'écouter et noter **en même temps** pendant les cours. **Surtout** avec un vocabulaire technique. Les dates, aussi, restent difficiles. Heureusement, Valentine écrit bien et vite ! C'est une grande aide pour Clara et elle est très **reconnaissante**.

À la BU, elles prennent un café chacune et elles s'installent dans un coin calme. Clara adore cette ambiance studieuse. Et la bibliothèque est belle, avec de très grandes fenêtres et une vue sur le fleuve. Pour emprunter un livre, il faut présenter sa carte d'étudiant, et parfois sa carte d'identité quand c'est un livre **rare** : « comme ça, il n'y a pas de risque de vol ! » **explique** Valentine à Clara.

Commencer (verbe) : to start
Maintenant (adverbe) : now, immediately
Matin (m) (nom commun) : morning
Habitude (f) (nom commun) : habit
Prendre (verbe) : to take
Difficile (adjectif) : difficult, hard
En même temps (locution adverbiale) : at the same time
Surtout (adverbe) : especially
Reconnaissant (adjectif) : grateful
Rare (adjectif) : rare, uncommon
Expliquer (verbe) : to explain

Comme elles sont en première année de fac, elles **apprennent** à faire des recherches. C'est **beaucoup** de travail pour Clara qui doit à la fois travailler avec son dictionnaire, son **livre** de grammaire et **ses** livres d'histoire de l'art. Quand le sujet la passionne, ça va, mais quand le sujet est un peu **ennuyeux**, c'est plus compliqué. Ce qu'elle préfère, ce sont les cours d'archéologie, et aussi ceux sur l'histoire de l'art africain. Ce qui l'ennuie **terriblement**, ce sont les cours d'architecture. Apprendre par cœur le vocabulaire des éléments architecturaux en français, quel ennui ! Mais elle s'accroche, car elle veut vraiment avoir de bonnes notes. Elle fait des dessins dans ses cahiers pour s'aider à **mémoriser**, elle écrit des listes de vocabulaire, dessine des frises chronologiques...

Quand elles sont fatiguées, Valentine propose à Clara d'aller boire un chocolat chaud dans un café du centre. Clara **accepte** avec plaisir et elle envoie un texto à Céline pour lui proposer de les rejoindre. Céline est souvent libre un peu plus tard le lundi. Elle les rejoint donc, une heure **après**, avec Max, qui a fini sa journée de travail. Anouk, la copine de Max, les rejoint également un peu plus tard. Anouk et Max sont beaux ensemble, et Clara se dit encore une fois qu'elle est un peu **déçue**... C'est vrai qu'elle aime bien Max, il est grand, il a l'air **gentil** et il est très beau et très drôle. Il a de grands yeux bleus pétillants, un large sourire, de belles mains... Mais Anouk est très sympa et très jolie aussi ! Clara fait de son mieux pour ne pas s'intéresser à Max, alors elle passe du temps à discuter **avec** Anouk.

Apprendre (verbe) : to learn
Beaucoup (adverbe) : a lot
Livre (m) (nom commun) : book
Ses (adjectif possessif) : his, her

Ennuyeux (adjectif) : boring
Terriblement (adverbe) : terribly
Mémoriser (verbe) : to memorize
Accepter (verbe) : to accept
Après (préposition) : after
Déçu (adjectif) : disappointed
Gentil (adjectif) : kind
Avec (préposition) : with

Elle s'est souvenue qu'Anouk **étudie** les lettres modernes, alors elle engage la **discussion** sur ce sujet.

« **Pourquoi** as-tu choisi la littérature pour tes études ? lui demande-t-elle.

- Pour être honnête, c'est surtout par défaut ! lui répond Anouk, en riant.

- Par défaut, qu'est-ce que ça veut dire ?

- Alors, faire quelque chose par défaut, ça **signifie** que tu n'as pas trouvé d'autre alternative. En gros, je ne savais pas quoi faire après le bac. Et j'aime lire, je lis beaucoup. J'ai toujours eu de bonnes notes en français, alors **voilà** ! explique Anouk. Et toi, pourquoi l'histoire de l'art ? demande-t-elle en retour.

- Franchement, c'est un peu pareil, répond Clara. J'aime beaucoup l'art, voilà tout !

- Et, tu sais ce que tu aimerais faire plus tard, comme métier ? demande encore Anouk.

- Tu veux dire, comme profession ? Vraiment, je suis encore un peu **perdue** à ce niveau-là. Je voulais faire de la communication, mais je **veux** avoir une solide culture générale avant de commencer le cursus de communication. Alors j'ai **pensé** que l'histoire de l'art serait un bon début, ajoute Clara. »

Étudier (verbe) : to study
Discussion (f) (nom commun) : discussion, talk
Pourquoi (adverbe) : why
Signifier (verbe) : to mean
Voilà (adverbe) : that is, this is (reason)
Perdu (adjectif) : lost

Vouloir (verbe) : to want
Penser (verbe) : to think

Les deux jeunes femmes discutent assez **longuement** de leurs passions : la littérature, l'art, mais aussi les voyages qu'elles voudraient faire, les autres cultures qui les intéressent. L'Université leur ouvre l'esprit, et chacun pense que faire des études est une chance immense. Après un certain temps, Max, Valentine et Céline rejoignent le **débat**. Ensemble, ils parlent de leurs projets et de leurs rêves. Max **rêve** d'aller vivre quelque temps au Chili, en Amérique latine. Anouk est un peu étonnée, elle ne savait pas. Céline parle de son projet d'aller **rencontrer** la famille de Clara aux États-Unis, et de voyager au Canada. Valentine, elle, rêve d'Italie et de châteaux. Comme Clara n'a **jamais** visité de châteaux, Valentine et Céline lui disent qu'il faudra visiter les châteaux de la Loire pendant son **séjour**...

Sur **cette** belle discussion, Clara et Céline décident qu'il est temps de rentrer à la maison. C'est encore lundi, et la semaine va être longue ! Valentine dit au revoir et à demain à Clara, chacun se fait la bise, Anouk donne son numéro de téléphone à Clara, et les deux copines rentrent tranquillement pour le **dîner**.

Pour elles, c'est un peu les premières sorties indépendantes. Bien sûr, elles ne rentrent pas tard, et il y a des adultes pour les **accueillir**. Mais c'est aussi la **première** fois qu'elles discutent d'avenir, de rêves et de projets. Elles se sentent **libres** et heureuses. En plus, comme c'est confortable d'avoir un dîner préparé en rentrant !

Longuement (adverbe) : at length, for a long time
Débat (m) (nom commun) : debate
Rêver (verbe) : to dream
Rencontrer (verbe) : to meet
Jamais (adverbe) : never
Séjour (m) (nom commun) : stay
Cette (adjectif démonstratif) : that, this
Dîner (m) (nom commun) : dinner
Accueillir (verbe) : to welcome
Première (f) (nom commun) : first
Libre (adjectif) : free

Questions (Chapitre 1)

1. Quand les cours de la fac reprennent-ils ?
a) L'après-midi
b) En février
c) Le lundi matin
d) Un lundi matin, la première semaine de février

2. Qu'est-ce que Clara et Valentine aiment boire à la bibliothèque ?
a) Du thé
b) Du café
c) De l'eau
d) Un chocolat chaud

3. En quelle année de fac Clara et Valentine sont-elles ?
a) En première année
b) En deuxième année
c) En troisième année
d) En quatrième année

4. Qui est la petite amie de Max ?
a) Clara
b) Valentine
c) Anouk
d) Max n'a pas de petite amie

5. Où Max rêve-t-il d'aller vivre ?
a) Au Pérou
b) En France
c) En Argentine
d) Au Chili

1. Reprise sérieuse des cours

Le mois de février commence… Déjà un mois ! Et la fac reprend maintenant très sérieusement. Ce lundi matin de la première semaine de février, Clara a deux cours avec Valentine. Elles ont des cours magistraux le matin, en amphithéâtre. L'après-midi, elles n'ont qu'un TD (travaux dirigés). Elles profitent de l'après-midi libre pour aller étudier à la bibliothèque de l'Université. Les deux amies ont déjà pris leurs habitudes : elles passent d'abord à la photocopieuse pour copier les cours de Valentine, et ensuite elles vont à la BU – bibliothèque universitaire. Clara prend beaucoup de notes, mais c'est encore trop difficile pour elle d'écouter et noter en même temps pendant les cours. Surtout avec un vocabulaire technique. Les dates, aussi, restent difficiles. Heureusement, Valentine écrit bien et vite ! C'est une grande aide pour Clara et elle est très reconnaissante.

À la BU, elles prennent un café chacune et elles s'installent dans un coin calme. Clara adore cette ambiance studieuse. Et la bibliothèque est belle, avec de très grandes fenêtres et une vue sur le fleuve. Pour emprunter un livre, il faut présenter sa carte d'étudiant, et parfois sa carte d'identité quand c'est un livre rare : « comme ça, il n'y a pas de risque de vol ! » explique

1. Serious resumption of classes

February begins... One month already! And college is now back in earnest. On this Monday morning in the first week of February, Clara has two classes with Valentine. In the morning, they have lectures in the amphitheatre. In the afternoon, they only have a tutorial. They take advantage of their free afternoons to study in the university library. The two friends have already established their habits: first they go to the photocopier to copy Valentine's lectures, and then they go to the BU - the university library. Clara takes a lot of notes, but it's still too difficult for her to listen and write down at the same time during lectures. Especially with technical vocabulary. Dates, too, remain difficult. Fortunately, Valentine writes well and quickly! She's a great help to Clara, and she's very grateful.

At BU, they each have a coffee and settle down in a quiet corner. Clara loves this studious atmosphere. And the library is beautiful, with very large windows and a view of the river. To borrow a book, you have to show your student card, and sometimes your identity card when it's a rare book: "that way, there's no risk of theft!" explains Valentine to Clara.

Valentine à Clara.

Comme elles sont en première année de fac, elles apprennent à faire des recherches. C'est beaucoup de travail pour Clara qui doit à la fois travailler avec son dictionnaire, son livre de grammaire et ses livres d'histoire de l'art. Quand le sujet la passionne, ça va, mais quand le sujet est un peu ennuyeux, c'est plus compliqué. Ce qu'elle préfère, ce sont les cours d'archéologie, et aussi ceux sur l'histoire de l'art africain. Ce qui l'ennuie terriblement, ce sont les cours d'architecture. Apprendre par cœur le vocabulaire des éléments architecturaux en français, quel ennui ! Mais elle s'accroche, car elle veut vraiment avoir de bonnes notes. Elle fait des dessins dans ses cahiers pour s'aider à mémoriser, elle écrit des listes de vocabulaire, dessine des frises chronologiques…	As they're in their first year of university, they're learning how to do research. It's a lot of work for Clara, who has to work with her dictionary, her grammar book and her art history books. When the subject fascinates her, it's fine, but when it's a bit boring, it's more complicated. What she prefers are the archaeology classes, and also those on the history of African art. What bores her terribly are the architecture classes. Learning by heart the vocabulary of architectural elements in French - what a bore! But she persists, because she really wants to get good grades. She draws pictures in her notebooks to help her memorize, she writes vocabulary lists, draws timelines…
Quand elles sont fatiguées, Valentine propose à Clara d'aller boire un chocolat chaud dans un café du centre. Clara accepte avec plaisir et elle envoie un texto à Céline pour lui proposer de les rejoindre. Céline est souvent libre un peu plus tard le lundi. Elle les rejoint donc, une heure après, avec Max, qui a fini sa journée de travail. Anouk, la copine de Max, les rejoint également un peu plus tard. Anouk et Max sont beaux ensemble, et Clara se dit encore une fois qu'elle est un peu déçue… C'est vrai qu'elle aime bien Max, il est	When they get tired, Valentine suggests to Clara that they go for a hot chocolate at a café in the center. Clara gladly accepts, and texts Céline to ask her to join them. Céline is often free a little later on Mondays. So, an hour later, she joins them with Max, who has finished his day's work. Max's girlfriend, Anouk, also joins them a little later. Anouk and Max look good together, and Clara once again thinks she's a little disappointed… She does like Max, he's tall, he seems nice and he's very handsome and funny. He has big

grand, il a l'air gentil et il est très beau et très drôle. Il a de grands yeux bleus pétillants, un large sourire, de belles mains... Mais Anouk est très sympa et très jolie aussi ! Clara fait de son mieux pour ne pas s'intéresser à Max, alors elle passe du temps à discuter avec Anouk.

Elle s'est souvenue qu'Anouk étudie les lettres modernes, alors elle engage la discussion sur ce sujet.

« Pourquoi as-tu choisi la littérature pour tes études ? lui demande-t-elle.

- Pour être honnête, c'est surtout par défaut ! lui répond Anouk, en riant.

- Par défaut, qu'est-ce que ça veut dire ?

- Alors, faire quelque chose par défaut, ça signifie que tu n'as pas trouvé d'autre alternative. En gros, je ne savais pas quoi faire après le bac. Et j'aime lire, je lis beaucoup. J'ai toujours eu de bonnes notes en français, alors voilà ! explique Anouk. Et toi, pourquoi l'histoire de l'art ? demande-t-elle en retour.

- Franchement, c'est un peu pareil, répond Clara. J'aime beaucoup l'art, voilà tout !

- Et, tu sais ce que tu aimerais faire plus tard, comme métier ? demande encore Anouk.

sparkling blue eyes, a broad smile and beautiful hands... But Anouk is very nice and very pretty too! Clara does her best not to be interested in Max, so she spends some time chatting with Anouk.

She's remembered that Anouk studies modern literature, so she starts a discussion on this subject.

"Why did you choose literature for your studies? she asks.

- To be honest, it's mostly by default! Anouk replies, laughing.

- By default, what does that mean?

- Well, doing something by default means that you haven't found any other alternative. Basically, I didn't know what to do after high school. And I like to read, I read a lot. I've always got good marks in French, so there you go! explains Anouk. And why art history? she asks in return.

- Frankly, it's a bit the same thing, replies Clara. I just love art, that's all!

- And do you know what you'd like to do later on, as a profession? asks Anouk again.

9

- Tu veux dire, comme profession ? Vraiment, je suis encore un peu perdue à ce niveau-là. Je voulais faire de la communication, mais je veux avoir une solide culture générale avant de commencer le cursus de communication. Alors j'ai pensé que l'histoire de l'art serait un bon début, ajoute Clara. »

Les deux jeunes femmes discutent assez longuement de leurs passions : la littérature, l'art, mais aussi les voyages qu'elles voudraient faire, les autres cultures qui les intéressent. L'Université leur ouvre l'esprit, et chacun pense que faire des études est une chance immense. Après un certain temps, Max, Valentine et Céline rejoignent le débat. Ensemble, ils parlent de leurs projets et de leurs rêves. Max rêve d'aller vivre quelque temps au Chili, en Amérique latine. Anouk est un peu étonnée, elle ne savait pas. Céline parle de son projet d'aller rencontrer la famille de Clara aux États-Unis, et de voyager au Canada. Valentine, elle, rêve d'Italie et de châteaux. Comme Clara n'a jamais visité de châteaux, Valentine et Céline lui disent qu'il faudra visiter les châteaux de la Loire pendant son séjour...

Sur cette belle discussion, Clara et Céline décident qu'il est temps de rentrer à la maison. C'est encore lundi, et la semaine va être longue ! Valentine dit au revoir et à demain à Clara, chacun se fait la bise, Anouk

- You mean, like a profession? Really, I'm still a bit confused about that. I wanted to do communications, but I want to have a solid general culture before I start the communications course. So I thought art history would be a good start, adds Clara."

The two young women talk at some length about their passions: literature, art, but also the trips they'd like to take, the other cultures that interest them. The University opens their minds, and each thinks that studying is a great opportunity. After a while, Max, Valentine and Céline join the debate. Together, they talk about their plans and dreams. Max dreams of spending some time in Chile, in Latin America. Anouk is a little surprised, she didn't know. Céline talks about her plans to meet Clara's family in the United States, and to travel to Canada. Valentine, for her part, dreams of Italy and castles. As Clara has never visited a chateau, Valentine and Céline tell her that she'll have to visit the chateaux of the Loire Valley during her stay...

On the strength of this discussion, Clara and Céline decide it's time to go home. It's still Monday, and it's going to be a long week! Valentine says goodbye and see you tomorrow to Clara, everyone gives each other

donne son numéro de téléphone à Clara, et les deux copines rentrent tranquillement pour le dîner.

Pour elles, c'est un peu les premières sorties indépendantes. Bien sûr, elles ne rentrent pas tard, et il y a des adultes pour les accueillir. Mais c'est aussi la première fois qu'elles discutent d'avenir, de rêves et de projets. Elles se sentent libres et heureuses. En plus, comme c'est confortable d'avoir un dîner préparé en rentrant !

a kiss, Anouk gives Clara her phone number, and the two friends head home for dinner.

For them, it's their first independent outing. Of course, they don't come home late, and there are adults to welcome them. But it's also the first time they've discussed the future, their dreams and plans. They feel free and happy. What's more, how comfortable it is to have dinner ready when they get home!

<table>
<tr><td>

Questions (Chapitre 1)

1. Quand les cours de la fac reprennent-ils ?
a) L'après-midi
b) En février
c) Le lundi matin
d) Un lundi matin, la première semaine de février

2. Qu'est-ce que Clara et Valentine aiment boire à la bibliothèque ?
a) Du thé
b) Du café
c) De l'eau
d) Un chocolat chaud

3. En quelle année de fac Clara et Valentine sont-elles ?
a) En première année
b) En deuxième année
c) En troisième année
d) En quatrième année

4. Qui est la petite amie de Max ?
a) Clara
b) Valentine
c) Anouk
d) Max n'a pas de petite amie

5. Où Max rêve-t-il d'aller vivre ?
a) Au Pérou
b) En France
c) En Argentine
d) Au Chili

</td><td>

Questions (Chapter 1)

1. When do college classes resume?
a) In the afternoon
b) In February
c) Monday morning
d) On a Monday morning, the first week of February

2. What do Clara and Valentine like to drink in the library?
a) Tea
b) Coffee
c) Water
d) Hot chocolate

3. What year of college are Clara and Valentine in?
a) First year
b) Second year
c) Third year
d) Fourth year

4. Who is Max's girlfriend?
a) Clara
b) Valentine
c) Anouk
d) Max doesn't have a girlfriend

5. Where does Max dream of going to live?
a) Peru
b) France
c) Argentina
d) Chile

</td></tr>
</table>

2. Fête de la Chandeleur

Le mardi, tout commence comme d'habitude : les filles **se lèvent** en famille, prennent le petit déjeuner, et vont à la fac. Clara travaille, écrit un peu pour son blog. Le soir, elles rentrent à la **maison** après 18 heures, un peu fatiguées. Mais Clara est très surprise en arrivant : Mattéo est dans la cuisine et il prépare quelque chose à manger. Ce n'est pas dans ses habitudes ! En plus, il a l'air très **content**. **Étonnée**, elle lui demande ce qu'il prépare.

« Bah, je fais des crêpes ! répond-il simplement.

- Des crêpes, ah, ok. C'est sympa ! Comme ça, tu voulais manger des crêpes ? demande-t-elle, intriguée.

- Mais non, c'est la Chandeleur ! dit Mattéo, comme si c'était **évident**.

- Clara ne connaît peut-être pas cette tradition, Mattéo, intervient Florence, qui a **entendu** la conversation.

- En effet ! Qu'est-ce que c'est, la Chande... la Chande quoi ? demande alors Clara.

- La Chandeleur, articule Florence. C'est une fête que nous célébrons en France chaque année, le 2 février. C'est 40 jours après Noël, et c'est une fête **païenne**, qui est devenue ensuite une fête religieuse. Dans la Bible, cela **correspond** à la présentation de Jésus au Temple. Mais en réalité, presque personne ne sait ce que c'est, nous savons juste que c'est le jour où nous **mangeons** des crêpes en famille ! explique-t-elle. Des crêpes salées et sucrées !

- Ah mais c'est très sympa ça ! J'adore les crêpes ! Je peux aider à faire **quelque chose** ? propose gentiment Clara. »

Se lever (verbe) : to get up, to wake up
Maison (f) (nom commun) : house
Content (adjectif) : happy
Étonné (adjectif) : surprised
Évident (adjectif) : obvious, clear
Entendre (verbe) : to hear
Païen (adjectif) : pagan
Correspondre (verbe) : to match, to be equivalent to
Manger (verbe) : to eat
Quelque chose (pronom) : something

Et la voici engagée **dans** la cuisine à côté de Mattéo et de Florence. Elle apprend vite la **recette** : c'est facile, quelques œufs, de la farine, du **lait**, du beurre fondu. La mère de Mattéo ajoute de la bière dans la recette mais, dit-elle, ça n'est pas alcoolisé car les crêpes sont cuites. On ajoute de la bière pour rendre la pâte plus légère. Clara apprend quelques mots de vocabulaire : le fouet, la cuillère, le saladier, la balance. Elle est surprise de constater qu'on ne mesure pas les quantités de la même **façon**. Elle explique que chez elle, on compte en « cups, » pas en grammes. Ça lui semble très précis… Quand la pâte à crêpes est terminée, on la place au **frigo** pendant une petite heure, pour qu'elle « repose. » Ce mot fait rire Clara qui imagine la pâte faire une sieste au frigo…

Céline, pendant ce temps, prépare un exposé dans sa chambre. Elle a beaucoup de travail. Clara a même l'**impression** que son amie travaille plus qu'elle ! Mais, le droit, c'est exigeant. Ça demande de la discipline et beaucoup d'apprentissage par cœur. C'est **courageux** de **se lancer** dans des études de droit, pense Clara… Elle ne sait pas si elle pourrait en apprendre autant !

Quand c'est l'**heure** de passer à table, Patrick et Florence ouvrent une

bouteille de **vin** et Céline sort de sa chambre, l'air un peu fatigué. Clara a déjà mis la table et Mattéo est de retour sur son téléphone.

>**Dans** (préposition) : in, inside
>**Recette** (f) (nom commun) : recipe
>**Lait** (m) (nom commun) : milk
>**Façon** (f) (nom commun) : way
>**Frigo** (m) (nom commun) : fridge
>**Impression** (f) (nom commun) : feeling
>**Courageux** (adjectif) : brave
>**Se lancer** (verbe pronominal) : to go into, to get into something
>**Heure** (f) (nom commun) : time
>**Vin** (m) (nom commun) : wine

« Mattéo, lâche ce téléphone, veux-tu ? s'exclame Céline, **visiblement** de mauvaise **humeur**.

- Oui, Mattéo, on passe à table ! Ta sœur **a raison**, renchérit Patrick. »

Mattéo bougonne mais s'exécute. Chacun s'installe, sauf Patrick, qui commence à faire cuire les crêpes. Clara est étonnée : elles sont en fait préparées une par une ! Comme ça, elles restent chaudes. À chaque nouvelle crêpe, **chacun** son tour demande ce qu'il veut dessus : du fromage, du jambon, un **œuf**... Les crêpes salées sont faites avec de la farine de sarrasin. Leur couleur est plus **foncée** et leur goût est un peu différent. Les crêpes sucrées sont accompagnées de confitures maison. « Ma grand-mère fait la meilleure confiture d'abricots, » explique Céline. Tout le monde **se régale**. Il y a des bougies sur la table, l'ambiance est très festive. On rit, on discute et on se dispute. Quand tout le monde a **trop** mangé, le reste de pâte est placé au frigo pour le lendemain ! Mais il n'en reste plus beaucoup. Clara insiste pour **débarrasser** la table et aider à ranger. Et, quand tout est propre pour le **lendemain** matin, Florence prépare un thé, pour passer une bonne nuit, dit-elle.

>**Visiblement** (adverbe) : obviously
>**Humeur** (f) (nom commun) : mood
>**Avoir raison** (locution verbale) : to be right
>**Chacun** (pronom) : each
>**Œuf** (m) (nom commun) : egg
>**Foncé** (adjectif) : dark, deep

Se régaler (verbe pronominal) : to love, to enjoy
Trop (adverbe) : too much
Débarrasser (verbe) : to clear
Lendemain (m) (nom commun) : the next day

Céline prend sa tasse de thé et retourne dans sa **chambre** pour travailler, sous le regard **admiratif** de son père. Clara continue sa discussion avec Florence devant la cheminée, et Mattéo, téléphone à la main, va se coucher. Patrick lit le journal et termine un mot croisé, à côté de Florence et Clara. Elles parlent de Mattéo, des cours de Clara, du programme du mois de février. Pendant les **vacances**, ils **iront** tous au ski, dans les Alpes. « Nous y allons chaque année. Tu sais skier ? Tu verras, c'est beau les Alpes, et le ski n'est pas difficile, » intervient Patrick. **En réalité**, Clara sait un peu skier, mais pas beaucoup. Elle comprend qu'ici, on est **proche** des Alpes, et beaucoup de gens savent skier. Elle a hâte de réessayer !

Quand le thé est terminé, chacun va se coucher. Clara, dans sa chambre, **appelle** sa famille pour demander des nouvelles. **Tout le monde** va bien, mais elle manque un peu à sa mère, et à son père aussi. Elle leur raconte comment se passe la fac, **comme** elle s'entend bien avec Céline, et elle leur dit qu'ils partiront dans les Alpes bientôt. Elle raconte aussi sa journée, la Chandeleur, et elle leur donne la recette des crêpes. C'est un **peu** comme des pancakes, mais en plus fin !

Chambre (f) (nom commun) : bedroom
Admiratif (adjectif) : admiring
Vacances (f) (nom commun) : holidays
Aller (verbe) : to go
En réalité (locution adverbiale) : in fact
Proche (adjectif) : close to
Appeler (verbe) : to call
Tout le monde (locution pronominale) : everybody, everyone
Comme (conjonction) : as
Peu (adverbe) : not much, little

Questions (Chapitre 2)

1. Qui commence à cuisiner les crêpes ?
a) Florence
b) Mattéo
c) Clara
d) Céline

2. Quel ingrédient rajoute-t-on dans la pâte à crêpe pour la rendre plus légère ?
a) De la bière
b) Du vin
c) De l'eau
d) Du lait

3. Qu'est-ce que l'on utilise pour mesurer les quantités ?
a) Un fouet
b) Une cuillère
c) Un saladier
d) Une balance

4. Avec quelle farine fait-on des crêpes salées ?
a) De la farine de sarrasin
b) De la farine de blé
c) De la farine de maïs
d) De la farine de riz

5. Qu'est-ce que Céline fait dans sa chambre ?
a) Elle fait le ménage
b) Elle lit un livre
c) Elle travaille
d) Elle se repose

2. Fête de la Chandeleur

Le mardi, tout commence comme d'habitude : les filles se lèvent en famille, prennent le petit déjeuner, et vont à la fac. Clara travaille, écrit un peu pour son blog. Le soir, elles rentrent à la maison après 18 heures, un peu fatiguées. Mais Clara est très surprise en arrivant : Mattéo est dans la cuisine et il prépare quelque chose à manger. Ce n'est pas dans ses habitudes ! En plus, il a l'air très content. Étonnée, elle lui demande ce qu'il prépare.

« Bah, je fais des crêpes ! répond-il simplement.

- Des crêpes, ah, ok. C'est sympa ! Comme ça, tu voulais manger des crêpes ? demande-t-elle, intriguée.

- Mais non, c'est la Chandeleur ! dit Mattéo, comme si c'était évident.

- Clara ne connaît peut-être pas cette tradition, Mattéo, intervient Florence, qui a entendu la conversation.

- En effet ! Qu'est-ce que c'est, la Chande… la Chande quoi ? demande alors Clara.

- La Chandeleur, articule Florence. C'est une fête que nous célébrons en France chaque année, le 2 février. C'est 40 jours après Noël, et c'est une fête païenne, qui est devenue ensuite

2. Candlemas Day

Tuesday begins as usual: the girls get up as a family, have breakfast and head off to college. Clara works, writes a bit for her blog. In the evening, they return home after 6 pm, a little tired. But Clara is very surprised when she arrives: Mattéo is in the kitchen and he is preparing something to eat. That's not like him! What's more, he looks very happy. Surprised, she asks him what he's cooking.

"Well, I'm making crêpes! he replies simply.

- Crêpes, ah, ok. How nice! So, you wanted to eat crêpes? she asks, intrigued.

- But no, it's Candlemas! says Mattéo, as if it were obvious.

- Maybe Clara doesn't know about this tradition, Mattéo, interjects Florence, who has overheard the conversation.

- Indeed! What is it, la Chande… la Chande what? asks Clara.

- La Chandeleur, articulates Florence. It's a holiday we celebrate in France every year, on February 2. It's 40 days after Christmas, and is a pagan celebration that later became

une fête religieuse. Dans la Bible, cela correspond à la présentation de Jésus au Temple. Mais en réalité, presque personne ne sait ce que c'est, nous savons juste que c'est le jour où nous mangeons des crêpes en famille ! explique-t-elle. Des crêpes salées et sucrées !

- Ah mais c'est très sympa ça ! J'adore les crêpes ! Je peux aider à faire quelque chose ? propose gentiment Clara. »

Et la voici engagée dans la cuisine à côté de Mattéo et de Florence. Elle apprend vite la recette : c'est facile, quelques œufs, de la farine, du lait, du beurre fondu. La mère de Mattéo ajoute de la bière dans la recette mais, dit-elle, ça n'est pas alcoolisé car les crêpes sont cuites. On ajoute de la bière pour rendre la pâte plus légère. Clara apprend quelques mots de vocabulaire : le fouet, la cuillère, le saladier, la balance. Elle est surprise de constater qu'on ne mesure pas les quantités de la même façon. Elle explique que chez elle, on compte en « cups, » pas en grammes. Ça lui semble très précis... Quand la pâte à crêpes est terminée, on la place au frigo pendant une petite heure, pour qu'elle « repose. » Ce mot fait rire Clara qui imagine la pâte faire une sieste au frigo...

Céline, pendant ce temps, prépare un exposé dans sa chambre. Elle a beaucoup de travail. Clara a même

a religious holiday. In the Bible, it corresponds to the presentation of Jesus in the Temple. But in reality, almost nobody knows what it is, we just know that it's the day we eat crêpes as a family! she explains. Savory and sweet crêpes!

- Ah, but that's so nice! I love crêpes! Can I help with anything? Clara kindly offers."

And here she is, working in the kitchen alongside Mattéo and Florence. She quickly learns the recipe: it's easy, a few eggs, flour, milk, melted butter. Mattéo's mother adds beer to the recipe but, she says, it's not alcoholic because the crêpes are cooked. Beer is added to make the batter lighter. Clara learns a few vocabulary words: the whisk, the spoon, the salad bowl, the scales. She's surprised to find that we don't measure quantities in the same way. She explains that at home, we count in "cups," not in grams. It seems very precise to her... When the crêpe batter is finished, we put it in the fridge for an hour to "rest." This word makes Clara laugh, as she imagines the batter taking a nap in the fridge...

Céline, meanwhile, is preparing a presentation in her room. She's got a lot of work to do. Clara even gets

l'impression que son amie travaille plus qu'elle ! Mais, le droit, c'est exigeant. Ça demande de la discipline et beaucoup d'apprentissage par cœur. C'est courageux de se lancer dans des études de droit, pense Clara… Elle ne sait pas si elle pourrait en apprendre autant !

Quand c'est l'heure de passer à table, Patrick et Florence ouvrent une bouteille de vin et Céline sort de sa chambre, l'air un peu fatigué. Clara a déjà mis la table et Mattéo est de retour sur son téléphone.

« Mattéo, lâche ce téléphone, veux-tu ? s'exclame Céline, visiblement de mauvaise humeur.

- Oui, Mattéo, on passe à table ! Ta sœur a raison, renchérit Patrick. »

Mattéo bougonne mais s'exécute. Chacun s'installe, sauf Patrick, qui commence à faire cuire les crêpes. Clara est étonnée : elles sont en fait préparées une par une ! Comme ça, elles restent chaudes. À chaque nouvelle crêpe, chacun son tour demande ce qu'il veut dessus : du fromage, du jambon, un œuf… Les crêpes salées sont faites avec de la farine de sarrasin. Leur couleur est plus foncée et leur goût est un peu différent. Les crêpes sucrées sont accompagnées de confitures maison. « Ma grand-mère fait la meilleure confiture d'abricots, » explique Céline. Tout le

the impression that her friend works harder than she does! But law is demanding. It requires discipline and a lot of rote learning. It's courageous to take up law studies, Clara thinks… She doesn't know if she could learn so much!

When it's time for dinner, Patrick and Florence open a bottle of wine and Céline comes out of her room, looking a little tired. Clara has already set the table and Mattéo is back on his phone.

"Mattéo, get off the phone, will you? exclaims Céline, clearly in a bad mood.

- Yes, Mattéo, let's eat! Your sister's right, agrees Patrick."

Mattéo grumbles, but complies. Everyone settles down, except Patrick, who starts cooking the crêpes. Clara is amazed: they're actually prepared one by one! That way, they stay warm. With each new crêpe, everyone in turn asks what they want on top: cheese, ham, an egg… Savory crêpes are made with buckwheat flour. They are darker in color and taste a little different. Sweet crepes are served with homemade jam. "My grandmother makes the best apricot jam," explains Céline. Everyone is delighted. There are candles on the table, and the atmosphere is very festive. We laugh,

monde se régale. Il y a des bougies sur la table, l'ambiance est très festive. On rit, on discute et on se dispute. Quand tout le monde a trop mangé, le reste de pâte est placé au frigo pour le lendemain ! Mais il n'en reste plus beaucoup. Clara insiste pour débarrasser la table et aider à ranger. Et, quand tout est propre pour le lendemain matin, Florence prépare un thé, pour passer une bonne nuit, dit-elle.

Céline prend sa tasse de thé et retourne dans sa chambre pour travailler, sous le regard admiratif de son père. Clara continue sa discussion avec Florence devant la cheminée, et Mattéo, téléphone à la main, va se coucher. Patrick lit le journal et termine un mot croisé, à côté de Florence et Clara. Elles parlent de Mattéo, des cours de Clara, du programme du mois de février. Pendant les vacances, ils iront tous au ski, dans les Alpes. « Nous y allons chaque année. Tu sais skier ? Tu verras, c'est beau les Alpes, et le ski n'est pas difficile, » intervient Patrick. En réalité, Clara sait un peu skier, mais pas beaucoup. Elle comprend qu'ici, on est proche des Alpes, et beaucoup de gens savent skier. Elle a hâte de réessayer !

Quand le thé est terminé, chacun va se coucher. Clara, dans sa chambre, appelle sa famille pour demander des nouvelles. Tout le monde va bien, mais elle manque un peu à sa mère,

chat and argue. When everyone has eaten too much, the leftover dough is put in the fridge for the next day! But there's not much left. Clara insists on clearing the table and helping to tidy up. And, when everything is clean for the next morning, Florence prepares a cup of tea, for a good night's sleep, she says.

Céline takes her cup of tea and returns to her room to work, under her father's admiring gaze. Clara continues her discussion with Florence in front of the fireplace, and Mattéo, telephone in hand, goes to bed. Patrick reads the newspaper and finishes a crossword puzzle, next to Florence and Clara. They talk about Mattéo, Clara's classes and the February program. During the vacations, they'll all be going skiing in the Alps. "We go every year. Can you ski? You'll see, the Alps are beautiful, and skiing isn't difficult," says Patrick. In reality, Clara knows how to ski a little, but not a lot. She understands that here, we're close to the Alps, and lots of people know how to ski. She can't wait to try it again!

When tea is over, everyone goes to bed. Clara, in her room, calls her family to ask for news. Everyone's fine, but her mother and father miss her a little too. She tells them how

et à son père aussi. Elle leur raconte comment se passe la fac, comme elle s'entend bien avec Céline, et elle leur dit qu'ils partiront dans les Alpes bientôt. Elle raconte aussi sa journée, la Chandeleur, et elle leur donne la recette des crêpes. C'est un peu comme des pancakes, mais en plus fin !

college is going, how well she's getting on with Céline, and that they'll be going to the Alps soon. She also tells them about her day, Candlemas, and gives them the recipe for crêpes. It's a bit like pancakes, but thinner!

Questions (Chapitre 2)

1. Qui commence à cuisiner les crêpes ?
a) Florence
b) Mattéo
c) Clara
d) Céline

2. Quel ingrédient rajoute-t-on dans la pâte à crêpe pour la rendre plus légère ?
a) De la bière
b) Du vin
c) De l'eau
d) Du lait

3. Qu'est-ce que l'on utilise pour mesurer les quantités ?
a) Un fouet
b) Une cuillère
c) Un saladier
d) Une balance

4. Avec quelle farine fait-on des crêpes salées ?
a) De la farine de sarrasin
b) De la farine de blé
c) De la farine de maïs
d) De la farine de riz

5. Qu'est-ce que Céline fait dans sa chambre ?
a) Elle fait le ménage
b) Elle lit un livre
c) Elle travaille
d) Elle se repose

Questions (Chapter 2)

1. Who starts cooking crêpes?
a) Florence
b) Mattéo
c) Clara
d) Céline

2. What ingredient is added to crêpes batter to make it lighter?
a) Beer
b) Wine
c) Water
d) Milk

3. What do you use to measure quantities?
a) A whisk
b) A spoon
c) A salad bowl
d) Scales

4. What flour is used to make savory crêpes?
a) Buckwheat flour
b) Wheat flour
c) Corn flour
d) Rice flour

5. What is Céline doing in her room?
a) Cleaning
b) Reading a book
c) Working
d) Resting

3. Premiers jours de beau temps : Lyon à vélo

L'**hiver** est un peu long, ça commence à être pesant. Un peu lourd, comme toujours, à la fin d'une saison, quand on attend la suivante. La vie devient ennuyeuse à l'intérieur, on a froid **quand** on sort. Il ne fait pas très beau, il **neige** même parfois. Les **écharpes** dans le sac, le parapluie toujours **mouillé**. Clara doit bien le reconnaître, elle n'aime pas trop l'hiver. Mais sa mère lui dirait : « sans hiver, pas de printemps ! » La semaine se passe ainsi, il fait un peu froid, et les filles commencent à s'impatienter. Heureusement, elles vont bientôt à la montagne. En attendant, il faut regarder passer les jours froids et attendre, attendre le printemps !

Jeudi est une journée tranquille : les deux copines n'ont cours que le matin. Quand elles **ouvrent** les volets de leurs chambres, en se levant, chacune affiche un large sourire : il fait beau ! Le soleil brille, les oiseaux chantent, pas un nuage dans le ciel. Incroyable. Elles n'ont pas vu une si belle journée depuis une **éternité**.

Elles vont prendre leur petit-déjeuner en dansant et en chantant. Elles n'ont aucune envie d'aller en cours ! Mais comme elles n'ont cours que le matin, elles décident de ne pas aller étudier l'après-midi. À la place, Céline a un

plan :

« Je sais ! dit-elle. On va **louer** des vélos et on va aller au parc de la Tête d'Or.

- C'est **où** le parc de la Tête d'Or, c'est quoi ? demande Clara.

- C'est un **grand** jardin très beau, avec des **serres**, beaucoup de plantes, des animaux… C'est super pour pique-niquer, mais il fait un peu froid. On fera juste un tour ! répond Céline. »

Hiver (m) (nom commun) : winter
Quand (adverbe) : when
Neiger (verbe) : to snow
Écharpe (f) (nom commun) : scarf
Mouillé (adjectif) : wet
Ouvrir (verbe) : to open
Éternité (f) (nom commun) : eternity, forever
Louer (verbe) : to rent
Où (adverbe) : where
Grand (adjectif) : big, large
Serre (f) (nom commun) : greenhouse

Elles se donnent rendez-vous à la **fin** de leurs cours devant l'Université Lyon II, sur les quais du Rhône. Le soleil est toujours aussi beau, et il n'y a pas de vent. Il fait presque bon ! Encore froid, c'est vrai, mais c'est comme une première journée de **printemps** et Céline et Clara sont ravies de prendre leur **après-midi** pour **pédaler**.

Elles arrivent devant les « Vélo'v. » Ce sont, explique Céline, les **vélos** mis en location dans la ville de Lyon. On paye avec sa carte de crédit, et c'est très simple. Il y a, à côté des vélos, une borne interactive. On choisit le vélo que l'on veut. Il faut vérifier, parce que certains sont un peu cassés. Ensuite, on met sa carte de crédit, on sélectionne le numéro du vélo, et voilà ! Le vélo est détaché de sa borne et on peut rouler. Le tarif se fait à l'heure. Ce n'est pas très **cher**, et on peut prendre un **abonnement** si on les prend **souvent**. Ensuite, pour rendre le vélo, il suffit de le raccrocher à une borne Vélo'v : il y en a un peu partout en ville. Surtout, il faut bien attendre le « bip » quand on raccroche le vélo, pour être sûr qu'il a bien été rendu.

Facile ! Bon, les vélos sont un peu **lourds**, mais très faciles à diriger. Et il y a

beaucoup de **pistes cyclables** à Lyon, Clara s'en aperçoit. Quel bonheur de sentir le vent dans ses cheveux en pédalant ! Elles respectent le code de la route, s'arrêtent aux stops, aux feux rouges, aux croisements avec priorité à droite. Céline explique à Clara que, si on a un **permis de conduire**, une faute à vélo peut enlever des points sur le permis des voitures. Intéressant… C'est pour responsabiliser les cyclistes, et Clara pense que c'est probablement une bonne idée, parce qu'il y a **beaucoup** de vélos !

Fin (f) (nom commun) : end
Printemps (m) (nom commun) : spring
Après-midi (f) (m) (nom commun) : afternoon
Pédaler (verbe) : to pedal
Vélo (m) (nom commun) : bike, bicycle
Cher (adjectif) : expensive
Abonnement (m) (nom commun) : subscription
Souvent (adverbe) : often
Lourd (adjectif) : heavy
Piste cyclable (f) (nom commun) : cycle path, bike path
Permis de conduire (m) (nom commun) : driving licence
Beaucoup (adverbe) : a lot

Elles **traversent** plusieurs quartiers en remontant la longue rue Paul Bert, la plus longue **rue** de Lyon. Elles arrivent ensuite sur le Boulevard des Belges, très **chic** avec ses belles maisons. Elles posent enfin leurs vélos et marchent vers le parc. Les grilles de l'entrée du parc sont très hautes et très belles, Clara est impressionnée.

Le parc est très grand. Il y a des **coureurs**, des enfants, des personnes âgées, des couples qui se **promènent**. Chacun semble heureux de cet **avant-goût** de printemps. La promenade est très charmante. Il y a un lac, beaucoup de grands arbres. Les serres sont anciennes, elles sont très belles. Céline montre à Clara la serre des cactus, la serre tropicale, celle avec des orchidées. Ce sont, explique-t-elle, des collections de plantes très **anciennes** et très précieuses. C'est un peu l'équivalent du Jardin des plantes de Paris ! Ah, Paris… Clara en rêve !

Après les serres, les filles se dirigent vers les animaux. Ce n'est pas comme un zoo, mais c'est quand même grand. Il y a des girafes, des éléphants, des singes, des ours… Beaucoup d'**oiseaux** différents, et des serpents aussi ! Beaucoup de daims dans un grand parc. Clara voudrait nourrir les animaux,

mais Céline lui indique que c'est formellement **interdit**. On ne doit pas nourrir les animaux, parce qu'on ne sait pas ce qui est bon pour eux. Aussi, si tout le monde leur donne, ils vont trop manger ! Et en plus, ils pourraient devenir **agressifs** quand on ne leur donne pas de nourriture. Clara s'amuse particulièrement en regardant les **singes**, et elle admire beaucoup les oiseaux...

Traverser (verbe) : to cross over
Rue (f) (nom commun) : street
Chic (adjectif) : stylish
Coureur (m) (nom commun) : runner
Se promener (verbe pronominal) : to go for a walk
Avant-goût (m) (nom commun) : foretaste
Ancien (adjectif) : old
Oiseau (m) (nom masculin) : bird
Interdit (adjectif) : not allowed, forbidden
Agressif (adjectif) : violent, aggressive
Singe (m) (nom commun) : monkey

En continuant la balade, les filles passent devant un petit spectacle de **marionnettes**. C'est Guignol, la fameuse marionnette lyonnaise ! Clara n'en **croit** pas ses yeux : elle a l'air ancienne, c'est beau ! Il y a des **enfants** qui regardent le petit spectacle. Céline explique l'origine ancienne de la marionnette. Elle parle aussi de la longue tradition de marionnette en France, en particulier dans le **nord**. Et puis, Guignol, c'est un personnage important dans toute la France. Il **vient de** Lyon, et il a été créé au début du XIXe siècle, mais était si populaire que le mot « guignol » est entré dans les dictionnaires. Il désigne une personne que l'on ne prend pas au sérieux, car la marionnette fait rire. Aujourd'hui, il fait rire les enfants, mais au départ, c'était un personnage **satirique** et politique, servant à **critiquer** les actualités.

Clara est passionnée... Mais elles doivent rentrer à la maison. Elles **sortent** du parc et **reprennent** des vélos pour le chemin du retour. Céline lui promet de l'emmener au Musée des Arts de la Marionnette de Lyon, et aussi au Musée des Automates. Ça va être **génial** !

Marionnette (f) (nom commun) : puppet
Croire (verbe) : to believe
Enfant (m/f) (nom commun) : child
Nord (m) (nom commun) : north

Venir de (verbe + préposition) : to come from
Satirique (adjectif) : satirical
Critiquer (verbe) : to criticize
Sortir (verbe) : to go out
Reprendre (verbe) : to take back
Génial (adjectif) : great

Questions (Chapitre 3)

1. Quel temps fait-il jeudi ?
a) Il neige
b) Il fait beau
c) Il pleut
d) Il y a de l'orage

2. Comment paye-t-on les vélos ?
a) À la journée
b) À la demi-journée
c) À l'heure
d) À la demi-heure

3. Est-ce qu'une faute à vélo peut enlever des points sur le permis de conduire ?
a) Oui
b) Non
c) Ce n'est pas mentionné
d) Cela dépend de la situation

4. Comment les filles vont-elles au parc ?
a) À pied
b) À vélo
c) En scooter
d) En bus

5. Où Céline veut absolument emmener Clara après ?
a) Au parc de la Tête d'Or
b) Au spectacle de marionnettes
c) Au cinéma
d) Au Musée des Arts de la Marionnette à Lyon

3. Premiers jours de beau temps : Lyon à vélo

L'hiver est un peu long, ça commence à être pesant. Un peu lourd, comme toujours, à la fin d'une saison, quand on attend la suivante. La vie devient ennuyeuse à l'intérieur, on a froid quand on sort. Il ne fait pas très beau, il neige même parfois. Les écharpes dans le sac, le parapluie toujours mouillé. Clara doit bien le reconnaître, elle n'aime pas trop l'hiver. Mais sa mère lui dirait : « sans hiver, pas de printemps ! » La semaine se passe ainsi, il fait un peu froid, et les filles commencent à s'impatienter. Heureusement, elles vont bientôt à la montagne. En attendant, il faut regarder passer les jours froids et attendre, attendre le printemps !

Jeudi est une journée tranquille : les deux copines n'ont cours que le matin. Quand elles ouvrent les volets de leurs chambres, en se levant, chacune affiche un large sourire : il fait beau ! Le soleil brille, les oiseaux chantent, pas un nuage dans le ciel. Incroyable. Elles n'ont pas vu une si belle journée depuis une éternité.

Elles vont prendre leur petit-déjeuner en dansant et en chantant. Elles n'ont aucune envie d'aller en cours ! Mais comme elles n'ont cours que le matin, elles décident de ne pas aller étudier l'après-midi. À la place, Céline a un plan :

3. First days of fine weather: Lyon by bike

It's been a long winter, and it's starting to feel a bit heavy. A bit heavy, as always, at the end of a season, when you're waiting for the next one. Life is getting boring inside, and you get cold when you go outside. The weather's not great, it even snows sometimes. Scarves in the bag, umbrellas always wet. Clara has to admit, she doesn't really like winter. But her mother would tell her: "No winter, no spring!" As the week goes by, it gets a little chilly and the girls start to get impatient. Fortunately, they're off to the mountains soon. In the meantime, we have to watch the cold days go by and wait, wait for spring!

Thursday is a quiet day: the two girlfriends only have school in the morning. When they get up and open the shutters of their rooms, each of them smiles broadly: it's a beautiful day! The sun is shining, the birds are singing, not a cloud in the sky. Incredible! It's the most beautiful day they've seen in ages.

They go to breakfast dancing and singing. They have no desire to go to class! But since they only have classes in the morning, they decide not to study in the afternoon. Instead, Céline has a plan:

« Je sais ! dit-elle. On va louer des vélos et on va aller au parc de la Tête d'Or.

- C'est où le parc de la Tête d'Or, c'est quoi ? demande Clara.

- C'est un grand jardin très beau, avec des serres, beaucoup de plantes, des animaux... C'est super pour pique-niquer, mais il fait un peu froid. On fera juste un tour ! répond Céline. »

Elles se donnent rendez-vous à la fin de leurs cours devant l'Université Lyon II, sur les quais du Rhône. Le soleil est toujours aussi beau, et il n'y a pas de vent. Il fait presque bon ! Encore froid, c'est vrai, mais c'est comme une première journée de printemps et Céline et Clara sont ravies de prendre leur après-midi pour pédaler.

Elles arrivent devant les « Vélo'v. » Ce sont, explique Céline, les vélos mis en location dans la ville de Lyon. On paye avec sa carte de crédit, et c'est très simple. Il y a, à côté des vélos, une borne interactive. On choisit le vélo que l'on veut. Il faut vérifier, parce que certains sont un peu cassés. Ensuite, on met sa carte de crédit, on sélectionne le numéro du vélo, et voilà ! Le vélo est détaché de sa borne et on peut rouler. Le tarif se fait à l'heure. Ce n'est pas très cher, et on peut prendre un abonnement si on les prend souvent. Ensuite, pour rendre le vélo, il suffit de le

"I know! she says. We'll rent bikes and go to the Parc de la Tête d'Or.

- Where is Parc de la Tête d'Or? What is it? Clara asks.

- It's a big, beautiful garden, with greenhouses, lots of plants, animals... It's great for picnics, but it's a bit cold. We'll just have a look around, replies Céline."

At the end of their lessons, they meet up in front of Lyon II University, on the banks of the Rhône. The sun is still beautiful, and there's no wind. It's almost warm! Still cold, it's true, but it's like the first day of spring, and Céline and Clara are delighted to take the afternoon off to pedal.

They arrive in front of the "Vélo'v." As Céline explains, these are the bikes available for hire in Lyon. You pay with your credit card, and it's very simple. Next to the bikes is an interactive terminal. You choose the bike you want. You have to check, because some are a bit broken. Then you put in your credit card, select the bike number, and voilà! The bike is detached from the terminal and you can start riding. You pay by the hour. It's not very expensive, and you can take out a subscription if you use them often. Then, to return the bike, all you have to do is hook it up

raccrocher à une borne Vélo'v : il y en a un peu partout en ville. Surtout, il faut bien attendre le « bip » quand on raccroche le vélo, pour être sûr qu'il a bien été rendu.

Facile ! Bon, les vélos sont un peu lourds, mais très faciles à diriger. Et il y a beaucoup de pistes cyclables à Lyon, Clara s'en aperçoit. Quel bonheur de sentir le vent dans ses cheveux en pédalant ! Elles respectent le code de la route, s'arrêtent aux stops, aux feux rouges, aux croisements avec priorité à droite. Céline explique à Clara que, si on a un permis de conduire, une faute à vélo peut enlever des points sur le permis des voitures. Intéressant… C'est pour responsabiliser les cyclistes, et Clara pense que c'est probablement une bonne idée, parce qu'il y a beaucoup de vélos !

Elles traversent plusieurs quartiers en remontant la longue rue Paul Bert, la plus longue rue de Lyon. Elles arrivent ensuite sur le Boulevard des Belges, très chic avec ses belles maisons. Elles posent enfin leurs vélos et marchent vers le parc. Les grilles de l'entrée du parc sont très hautes et très belles, Clara est impressionnée.

Le parc est très grand. Il y a des coureurs, des enfants, des personnes âgées, des couples qui se promènent. Chacun semble heureux de cet avant-goût de printemps. La promenade

to a Vélo'v terminal: there are a few all over town. Above all, you have to wait for the "beep" when you hang up the bike, to be sure it's been returned.

That's easy! Well, the bikes are a bit heavy, but very easy to steer. And there are plenty of cycle paths in Lyon, as Clara can see. What a pleasure to feel the wind in your hair as you pedal! They respect the highway code, stopping at stops, red lights and right-of-way crossings. Céline explains to Clara that, if you have a driver's license, a mistake on the bike can take points off your car license. Interesting… It's to make cyclists more responsible, and Clara thinks it's probably a good idea, because there are a lot of bikes!

They pass through several neighborhoods on their way up the long Paul Bert street, the longest street in Lyon. Then they arrive on Boulevard des Belges, very chic with its beautiful houses. Finally, they put down their bikes and walk towards the park. The gates at the entrance to the park are very high and beautiful, and Clara is impressed.

The park is very big. There are runners, children, elderly people, couples strolling about. Everyone seems happy with this foretaste of spring. The promenade is very

est très charmante. Il y a un lac, beaucoup de grands arbres. Les serres sont anciennes, elles sont très belles. Céline montre à Clara la serre des cactus, la serre tropicale, celle avec des orchidées. Ce sont, explique-t-elle, des collections de plantes très anciennes et très précieuses. C'est un peu l'équivalent du Jardin des plantes de Paris ! Ah, Paris… Clara en rêve !

Après les serres, les filles se dirigent vers les animaux. Ce n'est pas comme un zoo, mais c'est quand même grand. Il y a des girafes, des éléphants, des singes, des ours… Beaucoup d'oiseaux différents, et des serpents aussi ! Beaucoup de daims dans un grand parc. Clara voudrait nourrir les animaux, mais Céline lui indique que c'est formellement interdit. On ne doit pas nourrir les animaux, parce qu'on ne sait pas ce qui est bon pour eux. Aussi, si tout le monde leur donne, ils vont trop manger ! Et en plus, ils pourraient devenir agressifs quand on ne leur donne pas de nourriture. Clara s'amuse particulièrement en regardant les singes, et elle admire beaucoup les oiseaux…

En continuant la balade, les filles passent devant un petit spectacle de marionnettes. C'est Guignol, la fameuse marionnette lyonnaise ! Clara n'en croit pas ses yeux : elle a l'air ancienne, c'est beau ! Il y a des enfants qui regardent le petit spectacle. Céline explique l'origine ancienne de

charming. There's a lake, many tall trees. The greenhouses are old and beautiful. Céline shows Clara the cactus greenhouse, the tropical greenhouse and the orchid greenhouse. These, she explains, are collections of very old and precious plants. It's a bit like the Jardin des Plantes in Paris! Ah, Paris… Clara dreams of it!

After the greenhouses, the girls head for the animals. It's not like a zoo, but it's big all the same. There are giraffes, elephants, monkeys, bears… lots of different birds, and snakes too! Lots of deer in a big park. Clara wants to feed the animals, but Céline tells her it's strictly forbidden. You mustn't feed the animals, because you don't know what's good for them. Also, if everyone feeds them, they'll eat too much! And what's more, they could become aggressive if we don't give them food. Clara has a lot of fun watching the monkeys, and she really admires the birds…

As they continue their walk, the girls pass a small puppet show. It's Guignol, the famous puppet from Lyon! Clara can't believe her eyes: it looks so old, it's beautiful! Some children watch the little show. Céline explains the puppet's ancient origins. She also talks about the long tradition

la marionnette. Elle parle aussi de la longue tradition de marionnette en France, en particulier dans le nord. Et puis, Guignol, c'est un personnage important dans toute la France. Il vient de Lyon, et il a été créé au début du XIXe siècle, mais était si populaire que le mot « guignol » est entré dans les dictionnaires. Il désigne une personne que l'on ne prend pas au sérieux, car la marionnette fait rire. Aujourd'hui, il fait rire les enfants, mais au départ, c'était un personnage satirique et politique, servant à critiquer les actualités.

Clara est passionnée... Mais elles doivent rentrer à la maison. Elles sortent du parc et reprennent des vélos pour le chemin du retour. Céline lui promet de l'emmener au Musée des Arts de la Marionnette de Lyon, et aussi au Musée des Automates. Ça va être génial !

of puppetry in France, particularly in the north. And Guignol is an important figure throughout France. He comes from Lyon, and was created at the beginning of the 19th century, but was so popular that the word "guignol" entered the dictionaries. It refers to a person who is not taken seriously, because the puppet makes people laugh. Today, it makes children laugh, but in the beginning, it was a satirical and political character, used to criticize current events.

Clara is passionate... But they have to get home. They leave the park and pick up their bikes for the ride home. Céline promises to take her to the Musée des Arts de la Marionnette in Lyon, and also to the Musée des Automates. It's going to be great!

Questions (Chapitre 3)

1. Quel temps fait-il jeudi ?
a) Il neige
b) Il fait beau
c) Il pleut
d) Il y a de l'orage

2. Comment paye-t-on les vélos ?
a) À la journée
b) À la demi-journée
c) À l'heure
d) À la demi-heure

3. Est-ce qu'une faute à vélo peut enlever des points sur le permis de conduire ?
a) Oui
b) Non
c) Ce n'est pas mentionné
d) Cela dépend de la situation

4. Comment les filles vont-elles au parc ?
a) À pied
b) À vélo
c) En scooter
d) En bus

5. Où Céline veut absolument emmener Clara après ?
a) Au parc de la Tête d'Or
b) Au spectacle de marionnettes
c) Au cinéma
d) Au Musée des Arts de la Marionnette à Lyon

Questions (Chapter 3)

1. What's the weather like on Thursday?
a) Snowing
b) It's sunny
c) It's raining
d) It's stormy

2. How do you pay for the bikes?
a) By the day
b) By the half-day
c) By the hour
d) By the half-hour

3. Can a cycling offence remove points from a driver's licence?
a) Yes
b) No
c) It's not mentioned
d) It depends on the situation

4. How do the girls get to the park?
a) On foot
b) By bike
c) By scooter
d) By bus

5. Where does Céline absolutely want to take Clara next?
a) To la Tête d'Or park
b) To the puppet show
c) To the movies
d) To the Musée des Arts de la Marionnette in Lyon

4. Vacances de février : on va au ski !

La fin de la semaine est arrivée très vite avec ce beau soleil, et quand vendredi soir Clara rentre de la fac, elle voit quelques **valises** dans l'entrée de l'appartement. Mais oui, il faut qu'elle prépare sa valise aussi : elle avait presque **oublié**, mais demain matin ils partent pour les Alpes !

En d'autres termes : c'est les vacances ! Enfin ! Pendant deux semaines, les filles vont pouvoir oublier un peu leur **quotidien**. **Bien sûr**, Clara va prendre ses notes de cours avec elle et travaillera un peu. Mais elle va surtout essayer de déconnecter un maximum. Et aussi, elle va **découvrir** une nouvelle région. Les Alpes… Elle entre dans sa chambre pour préparer sa valise. Elle s'assoit sur son lit et regarde la **carte** pour **situer** les Alpes. C'est grand ! Le massif montagneux couvre **plusieurs** pays, l'Italie, la Suisse, l'Autriche, la Slovénie, la Croatie ! Il y a même un peu d'Allemagne et le Lichtenstein. Elle ne sait plus si c'est un grand massif ou si ce sont de petits pays. **Peut-être** un peu les deux…

Elle regarde un peu les villes principales des Alpes françaises et cherche le Mont Blanc, plus haut sommet d'Europe. Elle a **vraiment** hâte de découvrir les paysages… Puis elle **vérifie** la météo. Les prévisions ne sont pas mauvaises,

mais il va faire très froid, sans surprise. Elle prépare sa valise avec de grosses chaussettes, de gros pulls, des sous-vêtements chauds pour affronter ces températures. Céline a une combinaison de ski à lui prêter. Un **bonnet**, deux écharpes, une paire de gants. Sans oublier ses lunettes de soleil et sa crème solaire ! Quelques livres, ses notes de la fac, et ses affaires de toilette. Ah, et ses chargeurs ainsi que son ordinateur. Elle est prête ! C'est un peu lourd…

Valise (f) (nom commun) : suitcase
Oublier (verbe) : to forget
Quotidien (m) (nom commun) : everyday life
Bien sûr (locution adverbiale) : naturally, obviously
Découvrir (verbe) : to discover
Carte (f) (nom commun) : map
Situer (verbe) : to locate
Plusieurs (adjectif) : several
Peut-être (adverbe) : perhaps, maybe, possibly
Vraiment (adverbe) : truly, actually, really
Vérifier (verbe) : to verify, to confirm
Bonnet (m) (nom commun) : hat, woolly hat, beanie

Toutes les valises sont **stockées** dans l'entrée et la famille prépare le repas du soir dans la bonne humeur – sauf Mattéo, bien sûr, qui **joue** sur son téléphone comme à son habitude. Il faut **se coucher** tôt car le départ est prévu pour 8 heures du matin. Clara va se coucher, mais elle ne peut pas **dormir** : elle pense à son premier mois à la fac, aux examens, à ses rencontres, et elle pense aux vacances qu'elle va **maintenant** passer à la **montagne**. Elle n'est pas anxieuse : elle est ravie, et ça l'empêche de trouver le sommeil. Ce n'est pas grave, car demain, la route sera un peu longue pour rejoindre le village de montagne.

Quand le petit jour se lève, toute la famille est déjà en train de prendre le café quand Clara se lève, après avoir repoussé son réveil **autant que** possible. Elle a dormi quatre heures ! Céline **rit** en voyant son visage fatigué. « Voilà ton café, » lui dit-elle en souriant. En effet, Clara a bien besoin d'un grand café ! Elle en prend même deux, et elle va prendre une **douche** un peu fraîche pour essayer de se réveiller un peu. Florence rit en la voyant marcher doucement vers la salle de bain. **Heureusement** que c'est les vacances !

Stocker (verbe) : to store
Jouer (verbe) : to play

Se coucher (verbe pronominal) : to go to bed
Dormir (verbe) : to sleep
Maintenant (adverbe) : now
Montagne (f) (nom commun) : mountain
Autant que (locution conjonction) : as much as
Rire (verbe) : to laugh
Douche (f) (nom commun) : shower
Heureusement (adverbe) : fortunately

Quand la **voiture** est chargée des **bagages** de toute la famille, ils s'installent. Florence **conduit** sur la première partie de la route, Patrick fera le reste. Le voyage devrait durer à peu près trois heures. Clara est surprise, elle pensait que c'était plus loin. Tant pis pour sa sieste ! Elle qui espérait dormir pendant 5 heures dans la voiture… **Mais** en fait, au lieu de dormir, elle **contemple** les **paysages** par la fenêtre. Elle voit la campagne de la région lyonnaise, puis, à l'arrivée vers les Alpes, les reliefs deviennent plus importants progressivement. Quand elle découvre les montagnes, elle est émerveillée !

Ils **se dirigent** vers Megève, joli village des Alpes. Il y a des chalets, un joli centre-ville, des remontées mécaniques pour le ski tout autour : pas de **doute**, on est dans une belle station de ski ! Dès leur arrivée, Florence accompagne les filles et Mattéo pour aller acheter des forfaits de ski. Elle inscrit Mattéo dans un cours de ski tous les matins. Céline **explique** qu'elle a pris des cours jusqu'à l'année dernière, elle aussi. Clara est un peu stressée : elle n'est pas très **douée** pour le ski ! Mais toute la famille la rassure. On n'ira pas trop vite, et on évitera les pistes difficiles.

Voiture (f) (nom commun) : car
Bagage (m) (nom commun) : luggage
Conduire (verbe) : to drive
Mais (conjonction) : but
Contempler (verbe) : to gaze at
Paysage (m) (nom commun) : landscape
Se diriger (verbe pronominal) : to head for
Doute (m) (nom commun) : doubt
Expliquer (verbe) : to explain
Doué (adjectif) : gifted, talented

Seconde **étape** : il faut louer des skis et des **chaussures** de ski. La famille va toujours chez le même loueur, ils se connaissent. Quand tout le monde a

tout ce qu'il faut – équipement, forfait, cours – on retourne à l'appartement pour **s'organiser**.

En regardant la carte de la station de ski, Clara réalise qu'on est tout **près** du Mont Blanc. Quelle chance ! En effet, depuis l'appartement qu'ils ont loué, ils ont une vue sur le Mont Blanc. C'est splendide. Dans le jardin devant le petit immeuble, il y a beaucoup de neige et des enfants qui jouent. Ils font des igloos, des **bonhommes de neige**, ils font de la **luge** et des batailles de **boules de neige**. Très jolie atmosphère de vacances qui met tout le monde dans une bonne humeur générale.

La répartition des lits est faite, chacun a **rangé** ses affaires et les parents commencent à préparer le dîner. Ça **sent** bon le fromage fondu et le pain chaud… Il faut bien manger car demain, c'est une grosse journée de ski qui commence ! Le soir, après le dîner, Clara envoie des photos à sa famille : le village, les montagnes, une vidéo de la route, l'arrivée dans les Alpes. Puis, très **fatiguée** par sa courte nuit et sa longue journée, elle **s'endort** très vite, en pensant au lendemain.

Étape (f) (nom commun) : stage, step
Chaussure (f) (nom commun) : shoe
S'organiser (verbe pronominal) : to organize, to get organized
Près (adverbe) : nearby, close to
Bonhomme de neige (m) (nom commun) : snowman
Luge (f) (nom commun) : sledge
Boule de neige (f) (nom commun) : snowball
Ranger (verbe) : to clean, to put something away
Sentir (verbe) : to smell
Fatigué (adjectif) : tired
S'endormir (verbe pronominal) : to fall asleep

Questions (Chapitre 4)

1. Quel jour les filles partent-elles dans les Alpes ?
a) Vendredi
b) Samedi
c) Dimanche
d) Lundi

2. Pendant combien de temps les filles sont-elles en vacances ?
a) Une semaine
b) Deux semaines
c) Trois semaines
d) Seulement quelques jours

3. Est-ce que Clara a oublié ses lunettes et sa crème solaire ?
a) Oui
b) Non
c) Elle a oublié ses lunettes seulement
d) Elle a oublié sa crème solaire seulement

4. Combien d'heures a dormi Clara avant le départ ?
a) 7 heures
b) 5 heures
c) 4 heures
d) 2 heures

5. Qui conduit en premier sur la route ?
a) Clara
b) Florence
c) Mattéo
d) Patrick

4. Vacances de février : on va au ski !

La fin de la semaine est arrivée très vite avec ce beau soleil, et quand vendredi soir Clara rentre de la fac, elle voit quelques valises dans l'entrée de l'appartement. Mais oui, il faut qu'elle prépare sa valise aussi : elle avait presque oublié, mais demain matin ils partent pour les Alpes !

En d'autres termes : c'est les vacances ! Enfin ! Pendant deux semaines, les filles vont pouvoir oublier un peu leur quotidien. Bien sûr, Clara va prendre ses notes de cours avec elle et travaillera un peu. Mais elle va surtout essayer de déconnecter un maximum. Et aussi, elle va découvrir une nouvelle région. Les Alpes… Elle entre dans sa chambre pour préparer sa valise. Elle s'assoit sur son lit et regarde la carte pour situer les Alpes. C'est grand ! Le massif montagneux couvre plusieurs pays, l'Italie, la Suisse, l'Autriche, la Slovénie, la Croatie ! Il y a même un peu d'Allemagne et le Lichtenstein. Elle ne sait plus si c'est un grand massif ou si ce sont de petits pays. Peut-être un peu les deux…

Elle regarde un peu les villes principales des Alpes françaises et cherche le Mont Blanc, plus haut sommet d'Europe. Elle a vraiment hâte de découvrir les paysages… Puis elle vérifie la météo. Les prévisions

4. February vacations: let's go skiing!

The end of the week came very quickly with this beautiful sunshine, and when Clara came home from college on Friday evening, she saw a few suitcases in the entrance hall of the apartment. Yes, she needs to pack her suitcase too: she'd almost forgotten, but tomorrow morning they're leaving for the Alps!

In other words: it's vacation! At last! For two weeks, the girls will be able to forget their everyday lives for a while. Of course, Clara will take her course notes with her and do a bit of work. But above all, she'll be trying to disconnect as much as possible. She'll also be discovering a new region. The Alps… She goes into her room to pack her suitcase. She sits down on her bed and looks at the map to locate the Alps. It's a big place! The mountain range covers several countries: Italy, Switzerland, Austria, Slovenia, Croatia! There's even a bit of Germany and Lichtenstein. She's not sure whether it's a large massif or several small countries. Maybe a bit of both…

She takes a look at the main towns in the French Alps and searches for Mont Blanc, Europe's highest peak. She's really looking forward to discovering the landscapes… Then she checks the weather forecast. The

ne sont pas mauvaises, mais il va faire très froid, sans surprise. Elle prépare sa valise avec de grosses chaussettes, de gros pulls, des sous-vêtements chauds pour affronter ces températures. Céline a une combinaison de ski à lui prêter. Un bonnet, deux écharpes, une paire de gants. Sans oublier ses lunettes de soleil et sa crème solaire ! Quelques livres, ses notes de la fac, et ses affaires de toilette. Ah, et ses chargeurs ainsi que son ordinateur. Elle est prête ! C'est un peu lourd…

Toutes les valises sont stockées dans l'entrée et la famille prépare le repas du soir dans la bonne humeur – sauf Mattéo, bien sûr, qui joue sur son téléphone comme à son habitude. Il faut se coucher tôt car le départ est prévu pour 8 heures du matin. Clara va se coucher, mais elle ne peut pas dormir : elle pense à son premier mois à la fac, aux examens, à ses rencontres, et elle pense aux vacances qu'elle va maintenant passer à la montagne. Elle n'est pas anxieuse : elle est ravie, et ça l'empêche de trouver le sommeil. Ce n'est pas grave, car demain, la route sera un peu longue pour rejoindre le village de montagne.

Quand le petit jour se lève, toute la famille est déjà en train de prendre le café quand Clara se lève, après avoir repoussé son réveil autant que possible. Elle a dormi quatre heures ! Céline rit en voyant son visage

forecast isn't bad, but it's going to be very cold, no surprise there. She packs her suitcase with thick socks, thick sweaters and warm underwear to cope with these temperatures. Céline has a ski suit to lend her. A hat, two scarves, a pair of gloves. Not to forget the sunglasses and sunscreen! A few books, her college notes and her toiletries. Oh, and her chargers and computer. She's all set! It's a bit heavy…

All the suitcases are stored in the hallway, and the family prepares the evening meal in good spirits - except for Mattéo, of course, who is playing on his phone as usual. It's time for an early night, as departure is scheduled for 8am. Clara goes to bed, but she can't sleep: she's thinking about her first month at university, the exams, her meetings, and she's thinking about the vacation she's now going to spend in the mountains. She's not anxious: she's thrilled, and that keeps her awake. But that's okay, because tomorrow it's going to be a long drive back to the mountain village.

When dawn breaks, the whole family is already having coffee when Clara gets up, having put off waking up as long as possible. She's slept four hours! Céline laughs when she sees her tired face. "Here's your coffee,"

fatigué. « Voilà ton café, » lui dit-elle en souriant. En effet, Clara a bien besoin d'un grand café ! Elle en prend même deux, et elle va prendre une douche un peu fraîche pour essayer de se réveiller un peu. Florence rit en la voyant marcher doucement vers la salle de bain. Heureusement que c'est les vacances !

Quand la voiture est chargée des bagages de toute la famille, ils s'installent. Florence conduit sur la première partie de la route, Patrick fera le reste. Le voyage devrait durer à peu près trois heures. Clara est surprise, elle pensait que c'était plus loin. Tant pis pour sa sieste ! Elle qui espérait dormir pendant 5 heures dans la voiture… Mais en fait, au lieu de dormir, elle contemple les paysages par la fenêtre. Elle voit la campagne de la région lyonnaise, puis, à l'arrivée vers les Alpes, les reliefs deviennent plus importants progressivement. Quand elle découvre les montagnes, elle est émerveillée !

Ils se dirigent vers Megève, joli village des Alpes. Il y a des chalets, un joli centre-ville, des remontées mécaniques pour le ski tout autour : pas de doute, on est dans une belle station de ski ! Dès leur arrivée, Florence accompagne les filles et Mattéo pour aller acheter des forfaits de ski. Elle inscrit Mattéo dans un cours de ski tous les matins. Céline explique qu'elle a pris des cours jusqu'à l'année dernière, elle aussi.

she smiles. Indeed, Clara could use a big cup of coffee! She even takes two, and goes for a cool shower to try and wake herself up a bit. Florence laughs as she walks slowly to the bathroom. Thank God it's vacation time!

When the car is loaded with the family's luggage, they settle in. Florence drives the first part of the way, Patrick will do the rest. The trip should take about three hours. Clara is surprised; she thought it was further. So much for her nap! She had hoped to sleep for 5 hours in the car… But in fact, instead of sleeping, she's contemplating the scenery out the window. She sees the countryside of the Lyon region, then, as she approaches the Alps, the relief gradually becomes more pronounced. When she discovers the mountains, she's amazed!

They head for Megève, a pretty village in the Alps. There are chalets, a pretty town center, ski lifts all around: no doubt about it, this is a beautiful ski resort! As soon as they arrive, Florence accompanies the girls and Mattéo to buy ski passes. She enrolls Mattéo in a ski lesson every morning. Céline explains that she took lessons until last year, too. Clara is a little stressed: she's not very good at skiing! But the whole family

Clara est un peu stressée : elle n'est pas très douée pour le ski ! Mais toute la famille la rassure. On n'ira pas trop vite, et on évitera les pistes difficiles.

Seconde étape : il faut louer des skis et des chaussures de ski. La famille va toujours chez le même loueur, ils se connaissent. Quand tout le monde a tout ce qu'il faut – équipement, forfait, cours – on retourne à l'appartement pour s'organiser.

En regardant la carte de la station de ski, Clara réalise qu'on est tout près du Mont Blanc. Quelle chance ! En effet, depuis l'appartement qu'ils ont loué, ils ont une vue sur le Mont Blanc. C'est splendide. Dans le jardin devant le petit immeuble, il y a beaucoup de neige et des enfants qui jouent. Ils font des igloos, des bonhommes de neige, ils font de la luge et des batailles de boules de neige. Très jolie atmosphère de vacances qui met tout le monde dans une bonne humeur générale.

La répartition des lits est faite, chacun a rangé ses affaires et les parents commencent à préparer le dîner. Ça sent bon le fromage fondu et le pain chaud… Il faut bien manger car demain, c'est une grosse journée de ski qui commence ! Le soir, après le dîner, Clara envoie des photos à sa famille : le village, les montagnes, une vidéo de la route, l'arrivée dans les Alpes. Puis, très fatiguée par sa courte nuit et sa longue journée,

reassures her. We won't go too fast, and we'll avoid the difficult slopes.

Second step: renting skis and boots. The family always goes to the same rental company, so they know each other. When everyone has everything they need - equipment, ski pass, lessons - we go back to the apartment to get organized.

Looking at the map of the ski resort, Clara realizes that we're very close to Mont Blanc. What luck! Indeed, from the apartment they've rented, they have a view of Mont Blanc. It's splendid. In the garden in front of the little building, there's lots of snow and children playing. They build igloos, snowmen, go sledding, and have snowball fights. A lovely vacation atmosphere that puts everyone in a general good mood.

The beds are made up, everyone has put their things away and the parents start preparing dinner. It smells of melted cheese and warm bread… We have to eat well because tomorrow is the start of a big day of skiing! In the evening, after dinner, Clara sends photos to her family: the village, the mountains, a video of the road, the arrival in the Alps. Then, very tired from her short night and long day, she falls asleep very quickly, thinking

elle s'endort très vite, en pensant au   about the next day.
lendemain.

Questions (Chapitre 4)

1. Quel jour les filles partent-elles dans les Alpes ?
a) Vendredi
b) Samedi
c) Dimanche
d) Lundi

2. Pendant combien de temps les filles sont-elles en vacances ?
a) Une semaine
b) Deux semaines
c) Trois semaines
d) Seulement quelques jours

3. Est-ce que Clara a oublié ses lunettes et sa crème solaire ?
a) Oui
b) Non
c) Elle a oublié ses lunettes seulement
d) Elle a oublié sa crème solaire seulement

4. Combien d'heures a dormi Clara avant le départ ?
a) 7 heures
b) 5 heures
c) 4 heures
d) 2 heures

5. Qui conduit en premier sur la route ?
a) Clara
b) Florence
c) Mattéo
d) Patrick

Questions (Chapter 4)

1. What day do the girls go to the Alps?
a) Friday
b) Saturday
c) Sunday
d) Monday

2. How long are the girls on vacation?
a) One week
b) Two weeks
c) Three weeks
d) Only a few days

3. Did Clara forget her sunglasses and sunscreen?
a) Yes
b) No
c) She forgot her glasses only
d) She forgot her sunscreen only

4. How many hours did Clara sleep before departure?
a) 7 hours
b) 5 hours
c) 4 hours
d) 2 hours

5. Who drives first on the road?
a) Clara
b) Florence
c) Mattéo
d) Patrick

5. Fin des Alpes : raclette avec les nouveaux amis

Megève est un charmant village de montagne. Céline le connaît par cœur, et elle a montré à Clara tous les endroits sympas ou jolis. Selon elle, c'est très différent et très joli aussi en **été**. Clara, en une semaine, a repéré les alentours : pharmacie, cafés, restaurants, remontées mécaniques, place du marché, petits supermarchés... Elle va **faire** quelques **courses** pour la maison de temps en temps. **Tous les jours** ils sont allés skier. Le deuxième matin, c'était difficile de se lever ! Elle avait beaucoup de **courbatures** ! C'est que skier est très sportif. Mais que les paysages étaient beaux ! Ils ont eu de la chance avec la météo : seulement deux journées un peu grises, pas de pluie, et des températures assez froides pour garder une bonne neige. La plupart du temps, ils avaient un grand soleil. Clara est tombée **amoureuse** des Alpes !

Aussi, les filles ont fait la connaissance des **voisins** de leur petit immeuble de vacances. Comme elles se sont bien entendues avec Côme et Eloi, les deux fils de la famille, les parents ont fait connaissance **également**. Ils sont allés skier ensemble deux ou trois fois et sont allés au cinéma et au restaurant. Les filles ont **construit** deux igloos dans le jardin avec Côme et Eloi. C'est bon de jouer comme des enfants dans la neige, et ça fait oublier le quotidien de la fac et de la ville. La rentrée universitaire va être difficile ! Clara avait pris ses **affaires** pour réviser et travailler, mais pour finir, elle n'a pas touché un

livre. Et ce n'est pas grave, elle travaillera plus tard. C'est aussi important de **se reposer** et de penser à autre chose.

Été (m) (nom commun) : summer
Faire des courses (locution verbale) : to go shopping, to do some shopping
Tous les jours (locution adverbiale) : every day, daily
Courbature (f) (nom commun) : stiffness, aches and pains
Amoureuse (adjectif) : in love with
Voisin (m) (nom commun) : neighbor
Également (adverbe) : also, too, as well
Construire (verbe) : to build
Affaires (f, pl) (nom commun) : belongings
Se reposer (verbe pronominal) : to rest

Pour le **dernier** week-end à la montagne, les parents ont organisé un repas à la maison : au menu, plats savoyards constitués principalement de **fromage**. Clara adore le fromage français ! Tartiflette et fondue. C'est un peu beaucoup, mais il faut bien profiter !

Pour la **fondue**, la recette est simple : il suffit de râper du fromage (trois différents, du conté, du beaufort et du vacherin) et de le faire doucement fondre avec de l'**ail** et du vin blanc. C'est très simple, mais comme le fromage est très bon, c'est excellent ! Un peu **riche**, mais après deux semaines de ski **intensif**, **ce n'est pas** très **grave**.

La tartiflette n'est pas beaucoup plus compliquée à préparer. On coupe des pommes de terre en cubes et on fait **griller** des lardons avec des oignons et un peu de vin blanc. On met les **pommes de terre** dans le plat à gratin avec les lardons et on coupe un reblochon (fromage de Savoie) en deux. On **dépose** le reblochon sur le dessus des pommes de terre pour les couvrir, puis on met au **four** pendant 45 minutes : le résultat est simple mais vraiment bon.

Dernier (adjectif) : last
Fromage (m) (nom commun) : cheese
Fondue (f) (nom commun) : cheese fondue
Ail (m) (nom commun) : garlic
Riche (adjectif) : rich, calorific (in this context)
Intensif (adjectif) : intensive
Ce n'est pas grave (locution verbale) : it's no big deal, never mind

Griller (verbe) : to grill
Pomme de terre (f) (nom commun) : potato
Déposer (verbe) : to add, to put
Four (m) (nom commun) : oven

Céline et Clara sont **affairées** dans la cuisine. Elles préparent le repas. Elles font aussi une salade, « pour avoir l'impression de manger équilibré, » ajoute Patrick en riant. Mattéo prépare la vinaigrette, et Côme et Eloi mettent la table. **Pendant** ce temps, les parents discutent dans le salon, bien contents que les jeunes s'occupent du reste. Ils prennent l'apéritif avec un peu de saucisson, « pour alléger le menu, » dit Florence en riant.

Les discussions vont **gaiement** : les parents parlent des prochaines vacances, ils aimeraient revenir cet été. Peut-être reviendront-ils dans la même période ? Mais la famille de Côme et Eloi part en général à la mer pendant l'été.

« Nous allons à la **mer** aussi chaque année ! s'exclame Patrick.

- Ah, vraiment, où donc ? demande Charlotte, la mère de Côme et Eloi.

- Cela dépend, nous avons une préférence pour l'océan Atlantique, mais il arrive que nous allions en Provence. Nous **aimons** partir à **l'étranger** aussi, répond Patrick.

- Oui, l'année dernière, nous sommes allés en Crète, c'était fantastique, explique Florence. »

Les parents racontent leurs souvenirs de vacances. Charlotte et Pascal, les parents de Côme et Eloi, allaient souvent en Grèce pour les vacances quand ils étaient plus **jeunes**. Maintenant, ils vont plus souvent en France. On ne peut pas **tout** avoir ! Avec une famille, c'est un peu plus **compliqué**. Quand les enfants seront adultes, **c'est-à-dire bientôt**, les parents pourront à nouveau partir en vacances plus **facilement**.

Affairé (adjectif) : busy
Pendant (préposition) : during
Gaiement (adverbe) : happily
Mer (f) (nom commun) : sea
Aimer (verbe) : to enjoy, to like

L'étranger (m) (nom commun) : abroad
Jeune (adjectif) : young
Tout (adjectif) : all
Compliqué (adjectif) : complicated
C'est-à-dire (locution adverbiale) : that is, in other words
Bientôt (adverbe) : soon
Facilement (adverbe) : easily

La soirée se termine dans la bonne humeur. Côme et Eloi aident à débarrasser la table, **chacun** fait sa part de **vaisselle**. À la fin du repas, Céline prépare un thé. Quand la soirée est **terminée**, il faut préparer les bagages pour le retour. On prendra la route demain matin. Avant de quitter l'appartement, il faudra tout **ranger**, faire le ménage, fermer les volets et laisser l'appartement, jusqu'aux prochaines vacances.

Côme, Eloi, Céline et Clara échangent leurs contacts sur les réseaux sociaux, pour ne pas se perdre de vue. Côme est à la fac à Lyon, Eloi est encore au lycée mais sera à la fac l'an prochain. Ils **promettent** de se revoir pour un café la semaine de la rentrée, c'est-à-dire la semaine prochaine.

Au petit matin, tout le monde se réveille. Dernier petit-déjeuner montagnard **avant** le départ ! La route est enneigée, mais il n'y a pas beaucoup de trafic. Le retour à Lyon est un peu **triste**, personne ne veut retourner à sa routine ! Sauf Mattéo, qui est très content de retrouver son ordinateur et ses jeux vidéo. Chacun son plaisir ! C'est très fatiguée que Clara va se coucher, après avoir communiqué avec sa famille aux États-Unis. Elle ne se sent pas prête pour la rentrée, mais elle sait qu'après quelques heures de cours, tout va reprendre normalement. Aussi, elle commence à **avoir envie d'**avoir les résultats de ses examens, et **c'est** pour bientôt !

Chacun (pronom) : each, every
Vaisselle (f) (nom commun) : dishes
Terminé (adjectif) : finished
Ranger (verbe) : to clean
Promettre (verbe) : to promise
Au petit matin (locution adverbiale) : early morning, at daybreak, at dawn
Avant (préposition) : before
Triste (adjectif) : sad
Avoir envie de (locution verbale) : to want, to fancy, to feel like doing [sth]
C'est (locution verbale) : it is

Questions (Chapitre 5)

1. Pourquoi Clara a beaucoup de courbatures ?
a) Parce qu'elle a mal dormi
b) Parce qu'elle a trop marché
c) Parce qu'elle a trop skié
d) Parce qu'elle est malade

2. Qui sont Côme et Eloi ?
a) Des voisins de vacances
b) Des amis d'enfance retrouvés sur place
c) Des amis de l'université
d) Des étrangers venus d'Angleterre

3. Quel fromage met-on dans la tartiflette ?
a) Du conté
b) Du beaufort
c) Du vacherin
d) Du reblochon

4. Où la famille de Céline est partie en vacances l'an passé ?
a) Sur la côte Atlantique
b) En Crète
c) Au ski
d) Nulle part

5. Qui n'est pas triste de rentrer de vacances ?
a) Mattéo
b) Clara
c) Florence
d) Côme et Eloi

5. Fin des Alpes : raclette avec les nouveaux amis

Megève est un charmant village de montagne. Céline le connaît par cœur, et elle a montré à Clara tous les endroits sympas ou jolis. Selon elle, c'est très différent et très joli aussi en été. Clara, en une semaine, a repéré les alentours : pharmacie, cafés, restaurants, remontées mécaniques, place du marché, petits supermarchés... Elle va faire quelques courses pour la maison de temps en temps. Tous les jours ils sont allés skier. Le deuxième matin, c'était difficile de se lever ! Elle avait beaucoup de courbatures ! C'est que skier est très sportif. Mais que les paysages étaient beaux ! Ils ont eu de la chance avec la météo : seulement deux journées un peu grises, pas de pluie, et des températures assez froides pour garder une bonne neige. La plupart du temps, ils avaient un grand soleil. Clara est tombée amoureuse des Alpes !

Aussi, les filles ont fait la connaissance des voisins de leur petit immeuble de vacances. Comme elles se sont bien entendues avec Côme et Eloi, les deux fils de la famille, les parents ont fait connaissance également. Ils sont allés skier ensemble deux ou trois fois et sont allés au cinéma et au restaurant. Les filles ont construit deux igloos dans le jardin avec Côme et Eloi. C'est bon de jouer comme des enfants dans la neige, et ça fait

5. End of the Alps: raclette with new friends

Megève is a charming mountain village. Céline knows it like the back of her hand, and has shown Clara all the nice or pretty places. According to her, it's very different and very pretty in summer too. In the space of a week, Clara has scouted out the surrounding area: pharmacy, cafés, restaurants, ski lifts, market square, small supermarkets... She does a little shopping for the house now and then. Every day they went skiing. The second morning, it was hard to get up! She had a lot of aches and pains! Skiing is very sporty. But the scenery was beautiful! They were lucky with the weather: only two slightly gray days, no rain, and temperatures cold enough to keep good snow. Most of the time, they had plenty of sunshine. Clara fell in love with the Alps!

The girls also got to know the neighbors in their little vacation apartment building. As they got on well with Côme and Eloi, the family's two sons, the parents got to know them too. They went skiing together two or three times, and went to the movies and restaurants. The girls built two igloos in the garden with Côme and Eloi. It's great to play like kids in the snow, and it takes your mind off the daily grind of college

oublier le quotidien de la fac et de la ville. La rentrée universitaire va être difficile ! Clara avait pris ses affaires pour réviser et travailler, mais pour finir, elle n'a pas touché un livre. Et ce n'est pas grave, elle travaillera plus tard. C'est aussi important de se reposer et de penser à autre chose.

Pour le dernier week-end à la montagne, les parents ont organisé un repas à la maison : au menu, plats savoyards constitués principalement de fromage. Clara adore le fromage français ! Tartiflette et fondue. C'est un peu beaucoup, mais il faut bien profiter !

Pour la fondue, la recette est simple : il suffit de râper du fromage (trois différents, du conté, du beaufort et du vacherin) et de le faire doucement fondre avec de l'ail et du vin blanc. C'est très simple, mais comme le fromage est très bon, c'est excellent ! Un peu riche, mais après deux semaines de ski intensif, ce n'est pas très grave.

La tartiflette n'est pas beaucoup plus compliquée à préparer. On coupe des pommes de terre en cubes et on fait griller des lardons avec des oignons et un peu de vin blanc. On met les pommes de terre dans le plat à gratin avec les lardons et on coupe un reblochon (fromage de Savoie) en deux. On dépose le reblochon sur le dessus des pommes de terre pour les couvrir, puis on met au four pendant

and the city. It's going to be a tough start to the new academic year! Clara had taken her things to study and work, but in the end she didn't touch a book. And that's okay, she'll work later. It's also important to rest and think about other things.

For the last weekend in the mountains, the parents organized a meal at home: on the menu, Savoyard dishes consisting mainly of cheese. Clara loves French cheese! Tartiflette and fondue. It's a bit much, but you've got to enjoy it!

For the fondue, the recipe is simple: just grate some cheese (three different ones, conté, beaufort and vacherin) and gently melt it with garlic and white wine. It's very simple, but because the cheese is so good, it's excellent! A little rich, but after two weeks of intensive skiing, it's not too bad.

Tartiflette is not much more complicated to prepare. Potatoes are cubed and bacon are grilled with onions and a little white wine. Place the potatoes in the gratin dish with the lardons and cut a Reblochon (Savoy cheese) in half. Place the Reblochon on top of the potatoes to cover them, then bake in the oven for 45 minutes: the result is simple but really good.

45 minutes : le résultat est simple mais vraiment bon.

Céline et Clara sont affairées dans la cuisine. Elles préparent le repas. Elles font aussi une salade, « pour avoir l'impression de manger équilibré, » ajoute Patrick en riant. Mattéo prépare la vinaigrette, et Côme et Eloi mettent la table. Pendant ce temps, les parents discutent dans le salon, bien contents que les jeunes s'occupent du reste. Ils prennent l'apéritif avec un peu de saucisson, « pour alléger le menu, » dit Florence en riant.

Les discussions vont gaiement : les parents parlent des prochaines vacances, ils aimeraient revenir cet été. Peut-être reviendront-ils dans la même période ? Mais la famille de Côme et Eloi part en général à la mer pendant l'été.

« Nous allons à la mer aussi chaque année ! s'exclame Patrick.

- Ah, vraiment, où donc ? demande Charlotte, la mère de Côme et Eloi.

- Cela dépend, nous avons une préférence pour l'océan Atlantique, mais il arrive que nous allions en Provence. Nous aimons partir à l'étranger aussi, répond Patrick.

- Oui, l'année dernière, nous sommes allés en Crète, c'était fantastique, explique Florence. »

Céline and Clara are busy in the kitchen. They're preparing the meal. They're also making a salad, "so that I feel like I'm eating a balanced diet," adds Patrick with a laugh. Mattéo prepares the vinaigrette, and Côme and Eloi set the table. Meanwhile, the parents chat in the living room, happy for the youngsters to take care of the rest. They have an aperitif with a little sausage, "to lighten the menu," says Florence with a laugh.

Discussions are lively: the parents talk about the next vacation, and would like to come back this summer. Perhaps they'll be back in the same period? But Côme and Eloi's family usually go to the seaside during the summer.

"We go to the seaside every year too! exclaims Patrick.

- Ah, really, where? asks Charlotte, Côme and Eloi's mother.

- It depends. We prefer the Atlantic Ocean, but sometimes we go to Provence. We like to go abroad too, replies Patrick.

- Yes, last year we went to Crete, which was fantastic, explains Florence."

Les parents racontent leurs souvenirs de vacances. Charlotte et Pascal, les parents de Côme et Eloi, allaient souvent en Grèce pour les vacances quand ils étaient plus jeunes. Maintenant, ils vont plus souvent en France. On ne peut pas tout avoir ! Avec une famille, c'est un peu plus compliqué. Quand les enfants seront adultes, c'est-à-dire bientôt, les parents pourront à nouveau partir en vacances plus facilement.	Parents recount their vacation memories. Charlotte and Pascal, the parents of Côme and Eloi, often went to Greece for vacations when they were younger. Now, they go to France more often. You can't have everything! With a family, it's a bit more complicated. When the children are grown-up, which will be soon, the parents will be able to go on vacation again more easily.
La soirée se termine dans la bonne humeur. Côme et Eloi aident à débarrasser la table, chacun fait sa part de vaisselle. À la fin du repas, Céline prépare un thé. Quand la soirée est terminée, il faut préparer les bagages pour le retour. On prendra la route demain matin. Avant de quitter l'appartement, il faudra tout ranger, faire le ménage, fermer les volets et laisser l'appartement, jusqu'aux prochaines vacances.	The evening ends in good spirits. Côme and Eloi help clear the table, each doing their share of the dishes. At the end of the meal, Céline prepares a cup of tea. When the evening is over, it's time to pack for the trip home. We'll be on the road in the morning. Before we leave the apartment, we'll have to tidy up, clean up, close the shutters and leave the apartment until the next vacation.
Côme, Eloi, Céline et Clara échangent leurs contacts sur les réseaux sociaux, pour ne pas se perdre de vue. Côme est à la fac à Lyon, Eloi est encore au lycée mais sera à la fac l'an prochain. Ils promettent de se revoir pour un café la semaine de la rentrée, c'est-à-dire la semaine prochaine.	Côme, Eloi, Céline and Clara exchange contacts on social networks, so as not to lose sight of each other. Côme is at university in Lyon, Eloi is still at lycée but will be at university next year. They promise to meet up for a coffee the week the new school year starts, i.e. next week.
Au petit matin, tout le monde se réveille. Dernier petit-déjeuner montagnard avant le départ ! La route est enneigée, mais il n'y a pas beaucoup de trafic. Le retour à Lyon	At dawn, everyone wakes up. Last mountain breakfast before setting off! The road is snow-covered, but there's not much traffic. The trip back to Lyon is a bit sad - nobody wants to

est un peu triste, personne ne veut retourner à sa routine ! Sauf Mattéo, qui est très content de retrouver son ordinateur et ses jeux vidéo. Chacun son plaisir ! C'est très fatiguée que Clara va se coucher, après avoir communiqué avec sa famille aux États-Unis. Elle ne se sent pas prête pour la rentrée, mais elle sait qu'après quelques heures de cours, tout va reprendre normalement. Aussi, elle commence à avoir envie d'avoir les résultats de ses examens, et c'est pour bientôt !

go back to their routine! Except for Mattéo, who is delighted to be back with his computer and video games. To each his own! Clara goes to bed very tired, after communicating with her family in the United States. She doesn't feel ready to go back to school, but she knows that after a few hours of classes, everything will return to normal. She's also starting to look forward to her exam results, which are just around the corner!

Questions (Chapitre 5)

1. Pourquoi Clara a beaucoup de courbatures ?
a) Parce qu'elle a mal dormi
b) Parce qu'elle a trop marché
c) Parce qu'elle a trop skié
d) Parce qu'elle est malade

2. Qui sont Côme et Eloi ?
a) Des voisins de vacances
b) Des amis d'enfance retrouvés sur place
c) Des amis de l'université
d) Des étrangers venus d'Angleterre

3. Quel fromage met-on dans la tartiflette ?
a) Du conté
b) Du beaufort
c) Du vacherin
d) Du reblochon

4. Où la famille de Céline est partie en vacances l'an passé ?
a) Sur la côte Atlantique
b) En Crète
c) Au ski
d) Nulle part

5. Qui n'est pas triste de rentrer de vacances ?
a) Mattéo
b) Clara
c) Florence
d) Côme et Eloi

Questions (Chapter 5)

1. Why does Clara have a lot of aches and pains?
a) Because she didn't sleep well
b) Because she walked too much
c) Because she skied too much
d) Because she's ill

2. Who are Côme and Eloi?
a) Holiday neighbors
b) Childhood friends reunited on the spot
c) Friends from university
d) Strangers from England

3. What kind of cheese goes into tartiflette?
a) Conté
b) Beaufort
c) Vacherin
d) Reblochon

4. Where did Céline's family go on vacation last year?
a) To the Atlantic coast
b) To Crete
c) Skiing
d) Nowhere

5. Who isn't sad to be back from vacation?
a) Mattéo
b) Clara
c) Florence
d) Côme and Eloi

6. Retour à l'Université : réformes et grèves

C'est le **retour** de vacances. Rien de bien drôle : les filles aiment bien la fac, mais c'est quand même moins sympa que la montagne et le ski. En plus, il **pleut** à Lyon. Le mois de février **semble** long et l'hiver a l'air sans fin. Aussi, leurs nouveaux amis vont leur manquer. Mais voilà, c'est la vie ! Il faut retourner faire des choses sérieuses. En plus, Clara n'a pas **travaillé** du tout pendant les vacances. Elle sait qu'elle a du **retard**. Céline aussi, mais Céline n'a pas ses cours dans une langue étrangère.

Quand le **réveil** sonne ce lundi matin, Clara **ronchonne**. C'était **moins** difficile quand c'était pour aller skier ! Elle se lève **péniblement** et va reprendre sa routine : café, tartines, douche. La radio de la cuisine est allumée et elle écoute les informations. Elle ne comprend pas tout, parfois elle écoute sans écouter, juste par habitude. Mais aujourd'hui, elle comprend qu'il se passe quelque chose dans les universités, alors elle écoute attentivement. Patrick, qui est aussi dans la cuisine, écoute la radio **en même temps**.

Retour (m) (nom commun) : return
Pleuvoir (verbe) : to rain
Sembler (verbe) : to seem, to look, to seem to be
Travailler (verbe) : to work

Retard (m) (nom commun) : tardiness, delay
Réveil (m) (nom commun) : alarm clock
Ronchonner (verbe) : to grumble
Moins (adverbe) : less
Péniblement (adverbe) : with difficulty, painfully
En même temps (locution adverbiale) : at the same time

« De quoi parlent-ils exactement ? **demande** Clara.

- Ah, la nouvelle **réforme**. Ça fait un moment qu'ils en parlent. Il y a une réforme qui touche les contrats de travail, les étudiants manifestent, explique Patrick.

- Comment ça, les **étudiants** manifestent ? s'étonne Clara.

- Oui, ils vont protester dans la rue, pour s'opposer à la réforme. Les syndicats étudiants pensent que cette réforme sera **mauvaise** pour les droits des travailleurs. Qu'elle va donner plus de droits aux patrons et moins de droits aux employés. Les Français sont toujours en grève, tu sais ? explique-t-il.

- La grève, qu'est-ce que c'est la **grève** ? demande encore Clara.

- La grève, c'est quand on s'arrête de travailler pour protester contre le gouvernement, un projet de loi, une décision de la direction... explique Patrick, **patiemment**. Il va y avoir des grèves à la fac, il faut t'y attendre. Mais ne t'inquiète pas, tu ne risques rien pour ton année. C'est fréquent ! »

Intéressant, se dit Clara. Les Français sont bien **engagés** ! Elle avait entendu dire qu'ils protestent toujours, mais elle ne s'attendait pas à ça.

Quand elle a terminé son petit-déjeuner, fait son lit, rangé ses affaires, elle se dirige à pied à la fac. Elle y retrouve Valentine, qu'elle est très contente de revoir après deux **semaines**. Elles voudraient aller **boire** un café ensemble pour **se retrouver**, mais elles sont déjà un peu en retard pour le début de leur cours. Elles iront boire un café après ! Clara veut aussi lui poser des questions sur ce qu'elle a entendu ce matin à la radio.

Demander (verbe) : to ask
Réforme (f) (nom commun) : reform
Étudiant (m) (nom commun) : student

Mauvais (adjectif) : wrong, bad
Grève (f) (nom commun) : strike
Patiemment (adverbe) : patiently
Engagé (adjectif) : commited
Semaine (f) (nom commun) : week
Boire (verbe) : to drink
Se retrouver (verbe pronominal) : to meet again

Le cours d'histoire de l'art africain est **passionnant**. C'est une consolation pour un retour de vacances ! En revanche, le cours d'histoire de l'architecture est **ennuyeux** – en tout cas, c'est ce que pense Clara. Encore une fois, Valentine la retrouve après les cours pour lui **donner** ses notes. Elles vont **ensemble** faire des photocopies, puis elles vont au café. Il y a justement un nouveau café associatif tenu par des étudiants qui a ouvert derrière la bibliothèque universitaire : elles décident d'aller là-bas, pour essayer. C'est petit mais très sympa. Il y a des **canapés**, des couvertures (il fait un peu froid). Le café est bon et ils proposent des assiettes de crudités, de **charcuterie** ou de fromage pour le soir. Elles reviendront certainement avec les copains !

« Comment c'était, la montagne, le ski, raconte ! demande Valentine, impatiente d'entendre les histoires de son amie.

- Alors je ne sais pas par où commencer. C'est trop beau les Alpes, et j'ai adoré le ski, répond Clara.

- Je vois ça, tu es toute **bronzée** !

- Oui, et j'ai la marque des **lunettes**, **répond** Clara en riant. Alors voilà, on s'est fait des amis, on a skié tous les jours. Mattéo aussi mais il prenait des cours. On faisait des pique-niques dans les montagnes, on a mangé des tartiflettes, de la raclette et des fondues. J'adore le fromage français !

- Je vois, ça a l'air terrible en effet, ironise Valentine. Moi aussi j'ai passé de super vacances. Je ne suis pas partie, mais j'ai pris soin de moi. Et aussi, j'ai **emménagé** dans mon propre appartement !

- Oh, génial ! Où habites-tu ? demande Clara, presque jalouse.

- Je suis dans les **pentes** de la Croix-Rousse. Super quartier. J'espère que tu vas me rendre visite bientôt. »

Passionnant (adjectif) : fascinating, interesting
Ennuyeux (adjectif) : boring
Donner (verbe) : to give
Ensemble (adverbe) : together
Canapé (m) (nom commun) : sofa
Charcuterie (f) (nom commun) : cold meats
Bronzé (adjectif) : suntanned
Lunettes (f, pl) (nom commun) : glasses
Répondre (verbe) : to answer, to reply
Emménager (verbe) : to move in
Pente (f) (nom commun) : hill, slope

La discussion se **poursuit**. Les deux amies sont **ravies**. Clara **finit** par demander à Valentine ce qu'elle pense de la réforme en projet et de la manifestation des étudiants. Elle espère que la fac ne va pas fermer ! Valentine la rassure : les grèves, en France, c'est **fréquent**. Si l'université ferme, ce ne sera pas trop long, et elle aura accès aux cours. Par contre, explique-t-elle, ce sera intéressant de **suivre** les débats. La faculté est assez politisée en France et c'est toujours bien de suivre ce qui se passe dans l'actualité, que l'on soit d'accord ou pas. Valentine promet de l'inviter à suivre des débats s'il y en a.

Quand elles ont bien discuté, elles se rendent compte que c'est déjà le soir. Il faut rentrer, travailler un peu, **se préparer** pour demain, reprendre la routine. Elles marchent en direction de leurs appartements. Clara dit qu'elle aimerait bien avoir son **propre** appartement et que Céline aimerait bien aussi, et qu'elle en parle de temps en temps. La mère de Céline lui a dit, pas avant sa **majorité** ! Peut-être qu'elles prendront un appartement en **colocation** quand elles seront majeures. Elles fêtent toutes les deux leurs 18 ans en mars. Nous verrons bien ! Les deux amies se séparent en chemin.

Quand Clara arrive, elle trouve Céline au travail, la table mise et le repas préparé. C'est quand même bien, d'**habiter** avec une famille.

Poursuivre (verbe) : to continue (in this context)
Ravi (adjectif) : thrilled, delighted
Finir (verbe) : to finish
Fréquent (adjectif) : regular
Suivre (verbe) : to follow
Se préparer (verbe pronominal) : to get ready
Propre (adjectif) : own

Majorité (f) (nom commun) : age of majority
Colocation (f) (nom commun) : house-share, apartment-share
Habiter (verbe) : to live

Questions (Chapitre 6)

1. Pourquoi les étudiants manifestent-ils en France ?
a) Contre l'inflation
b) Pour les droits des travailleurs
c) Contre la brutalité policière
d) Pour le droit des femmes

2. Qu'est-ce qu'une grève ?
a) Un arrêt temporaire et collectif du travail visant à signifier un mécontentement
b) Un arrêt de travail afin de profiter des vacances
c) Un moyen de négociation entre employeurs et employés
d) Une pratique visant à promouvoir la productivité

3. Quel est le cours préféré de Clara à la fac ?
a) L'architecture
b) Le français
c) L'histoire de l'art africain
d) Le sport

4. Pourquoi la mère de Céline ne veut pas qu'elle ait son propre appartement ?
a) Les appartements sont trop chers
b) Pour ne pas être loin de sa famille
c) Parce qu'elle n'a pas fini ses études
d) Parce qu'elle n'est pas majeure

5. Quand Céline et Clara fêteront-elles leurs 18 ans ?
a) En février
b) En mars
c) En avril
d) En juillet

6. Retour à l'Université : réformes et grèves

6. Back to University: reforms and strikes

C'est le retour de vacances. Rien de bien drôle : les filles aiment bien la fac, mais c'est quand même moins sympa que la montagne et le ski. En plus, il pleut à Lyon. Le mois de février semble long et l'hiver a l'air sans fin. Aussi, leurs nouveaux amis vont leur manquer. Mais voilà, c'est la vie ! Il faut retourner faire des choses sérieuses. En plus, Clara n'a pas travaillé du tout pendant les vacances. Elle sait qu'elle a du retard. Céline aussi, mais Céline n'a pas ses cours dans une langue étrangère.

Quand le réveil sonne ce lundi matin, Clara ronchonne. C'était moins difficile quand c'était pour aller skier ! Elle se lève péniblement et va reprendre sa routine : café, tartines, douche. La radio de la cuisine est allumée et elle écoute les informations. Elle ne comprend pas tout, parfois elle écoute sans écouter, juste par habitude. Mais aujourd'hui, elle comprend qu'il se passe quelque chose dans les universités, alors elle écoute attentivement. Patrick, qui est aussi dans la cuisine, écoute la radio en même temps.

« De quoi parlent-ils exactement ? demande Clara.

- Ah, la nouvelle réforme. Ça fait un moment qu'ils en parlent. Il y a une réforme qui touche les contrats

Back from vacation. It's not much fun: the girls like college, but it's not as much fun as the mountains and skiing. What's more, it's raining in Lyon. February seems long and winter seems endless. And they're going to miss their new friends. But that's life! It's time to get back to serious business. What's more, Clara didn't work at all during the vacations. She knows she's behind. So does Céline, but Céline doesn't have her lessons in a foreign language.

When the alarm goes off on Monday morning, Clara grumbles. It was a lot easier when she had to go skiing! She struggles to get up and goes about her routine: coffee, toast, shower. The kitchen radio is on and she listens to the news. She doesn't understand everything; sometimes she listens without listening, just out of habit. But today, she understands that something is going on in the universities, so she listens carefully. Patrick, who is also in the kitchen, listens to the radio at the same time.

"What exactly are they talking about? asks Clara.

- Ah, the new reform. They've been talking about it for a while. There's a reform affecting employment

de travail, les étudiants manifestent, explique Patrick.

- Comment ça, les étudiants manifestent ? s'étonne Clara.

- Oui, ils vont protester dans la rue, pour s'opposer à la réforme. Les syndicats étudiants pensent que cette réforme sera mauvaise pour les droits des travailleurs. Qu'elle va donner plus de droits aux patrons et moins de droits aux employés. Les Français sont toujours en grève, tu sais ? explique-t-il.

- La grève, qu'est-ce que c'est la grève ? demande encore Clara.

- La grève, c'est quand on s'arrête de travailler pour protester contre le gouvernement, un projet de loi, une décision de la direction... explique Patrick, patiemment. Il va y avoir des grèves à la fac, il faut t'y attendre. Mais ne t'inquiète pas, tu ne risques rien pour ton année. C'est fréquent ! »

Intéressant, se dit Clara. Les Français sont bien engagés ! Elle avait entendu dire qu'ils protestent toujours, mais elle ne s'attendait pas à ça.

Quand elle a terminé son petit-déjeuner, fait son lit, rangé ses affaires, elle se dirige à pied à la fac. Elle y retrouve Valentine, qu'elle est très contente de revoir après deux semaines. Elles voudraient aller boire un café ensemble pour se retrouver,

contracts, and the students are demonstrating, explains Patrick.

- What do you mean, the students are protesting? Clara exclaims.

- Yes, they're going to protest in the streets, to oppose the reform. The student unions think that this reform will be bad for workers' rights. That it will give more rights to bosses and fewer rights to employees. The French are always on strike, you know? he explains.

- What's a strike? Clara asks again.

- A strike is when you stop working to protest against the government, a bill, a management decision... explains Patrick patiently. There are going to be strikes at college, so you have to expect that. But don't worry, you're not risking anything for your year. It happens all the time!"

Interesting, Clara thought. The French are very committed! She'd heard they always protest, but she hadn't expected this.

When she'd finished breakfast, made her bed and put her things away, she set off on foot for college. There she met up with Valentine, whom she was delighted to see again after two weeks. They'd like to go for a coffee together to catch up, but they're

mais elles sont déjà un peu en retard pour le début de leur cours. Elles iront boire un café après ! Clara veut aussi lui poser des questions sur ce qu'elle a entendu ce matin à la radio.

Le cours d'histoire de l'art africain est passionnant. C'est une consolation pour un retour de vacances ! En revanche, le cours d'histoire de l'architecture est ennuyeux – en tout cas, c'est ce que pense Clara. Encore une fois, Valentine la retrouve après les cours pour lui donner ses notes. Elles vont ensemble faire des photocopies, puis elles vont au café. Il y a justement un nouveau café associatif tenu par des étudiants qui a ouvert derrière la bibliothèque universitaire : elles décident d'aller là-bas, pour essayer. C'est petit mais très sympa. Il y a des canapés, des couvertures (il fait un peu froid). Le café est bon et ils proposent des assiettes de crudités, de charcuterie ou de fromage pour le soir. Elles reviendront certainement avec les copains !

« Comment c'était, la montagne, le ski, raconte ! demande Valentine, impatiente d'entendre les histoires de son amie.

- Alors je ne sais pas par où commencer. C'est trop beau les Alpes, et j'ai adoré le ski, répond Clara.

- Je vois ça, tu es toute bronzée !

already a little late for the start of their class. They'll go for a coffee afterwards! Clara also wants to ask her about what she heard on the radio this morning.

The African art history course is fascinating. It's a consolation to come back from vacation! The history of architecture class, on the other hand, is boring - or so Clara thinks. Once again, Valentine meets her after class to give her her notes. They make photocopies together, then go to the café. A new community café run by students has just opened behind the university library, and they decide to go there to give it a try. It's small but very nice. There are sofas and blankets (it's a bit chilly). The coffee is good, and they offer plates of crudités, cold meats or cheese for the evening. They'll certainly be back with their friends!

"What was it like to ski in the mountains? Valentine asks, eager to hear her friend's stories.

- I don't know where to start. The Alps are so beautiful, and I loved skiing, replies Clara.

- I can see that, you're all tanned!

- Oui, et j'ai la marque des lunettes, répond Clara en riant. Alors voilà, on s'est fait des amis, on a skié tous les jours. Mattéo aussi mais il prenait des cours. On faisait des pique-niques dans les montagnes, on a mangé des tartiflettes, de la raclette et des fondues. J'adore le fromage français !	- Yes, and I've got the brand of glasses, replies Clara, laughing. We made friends and skied every day. So did Mattéo, but he was taking lessons. We had picnics in the mountains, ate tartiflettes, raclette and fondues. I love French cheese!
- Je vois, ça a l'air terrible en effet, ironise Valentine. Moi aussi j'ai passé de super vacances. Je ne suis pas partie, mais j'ai pris soin de moi. Et aussi, j'ai emménagé dans mon propre appartement !	- I see, it sounds terrible indeed, ironizes Valentine. I had a great vacation too. I didn't go away, but I took care of myself. Also, I moved into my own apartment!
- Oh, génial ! Où habites-tu ? demande Clara, presque jalouse.	- Oh, great! Where do you live? asks Clara, almost jealous.
- Je suis dans les pentes de la Croix-Rousse. Super quartier. J'espère que tu vas me rendre visite bientôt. »	- I'm on the slopes of the Croix-Rousse. Great neighborhood. I hope you'll come and visit me soon."
La discussion se poursuit. Les deux amies sont ravies. Clara finit par demander à Valentine ce qu'elle pense de la réforme en projet et de la manifestation des étudiants. Elle espère que la fac ne va pas fermer ! Valentine la rassure : les grèves, en France, c'est fréquent. Si l'université ferme, ce ne sera pas trop long, et elle aura accès aux cours. Par contre, explique-t-elle, ce sera intéressant de suivre les débats. La faculté est assez politisée en France et c'est toujours bien de suivre ce qui se passe dans l'actualité, que l'on soit d'accord ou pas. Valentine promet de l'inviter à suivre des débats s'il y en a.	The discussion continues. Both friends are delighted. Clara ends up asking Valentine what she thinks of the planned reform and the student protest. She hopes the university won't close! Valentine reassures her: strikes are common in France. If the university does close, it won't be for too long, and you will be able to attend classes. On the other hand, she explains, it will be interesting to follow the debates. The faculty is quite politicized in France and it's always good to follow what's going on in the news, whether you agree with it or not. Valentine promises to invite her to follow any debates.

Quand elles ont bien discuté, elles se rendent compte que c'est déjà le soir. Il faut rentrer, travailler un peu, se préparer pour demain, reprendre la routine. Elles marchent en direction de leurs appartements. Clara dit qu'elle aimerait bien avoir son propre appartement et que Céline aimerait bien aussi, et qu'elle en parle de temps en temps. La mère de Céline lui a dit, pas avant sa majorité ! Peut-être qu'elles prendront un appartement en colocation quand elles seront majeures. Elles fêtent toutes les deux leurs 18 ans en mars. Nous verrons bien ! Les deux amies se séparent en chemin.

Quand Clara arrive, elle trouve Céline au travail, la table mise et le repas préparé. C'est quand même bien, d'habiter avec une famille.

Once they've had a good chat, they realize that it's already evening. It's time to go home, get some work done, get ready for tomorrow, get back into the routine. They walk towards their apartments. Clara says she'd love to have her own apartment, and that Céline would too, and that she talks about it from time to time. Céline's mother told her, not until she comes of age! Maybe they'll get a shared apartment when they come of age. They both turn 18 in March. We'll see! The two friends go their separate ways.

When Clara arrives, she finds Céline at work, the table set and the meal prepared. It's nice to live with a family.

Questions (Chapitre 6)

1. Pourquoi les étudiants manifestent-ils en France ?
a) Contre l'inflation
b) Pour les droits des travailleurs
c) Contre la brutalité policière
d) Pour le droit des femmes

2. Qu'est-ce qu'une grève ?
a) Un arrêt temporaire et collectif du travail visant à signifier un mécontentement
b) Un arrêt de travail afin de profiter des vacances
c) Un moyen de négociation entre employeurs et employés
d) Une pratique visant à promouvoir la productivité

3. Quel est le cours préféré de Clara à la fac ?
a) L'architecture
b) Le français
c) L'histoire de l'art africain
d) Le sport

4. Pourquoi la mère de Céline ne veut pas qu'elle ait son propre appartement ?
a) Les appartements sont trop chers
b) Pour ne pas être loin de sa famille
c) Parce qu'elle n'a pas fini ses études
d) Parce qu'elle n'est pas majeure

5. Quand Céline et Clara fêteront-elles leurs 18 ans ?
a) En février
b) En mars
c) En avril

Questions (Chapter 6)

1. Why are students demonstrating in France?
a) Against inflation
b) For workers' rights
c) Against police brutality
d) For women's rights

2. What is a strike?
a) A temporary collective work stoppage to express dissatisfaction
b) A work stoppage to take advantage of the vacations
c) A means of negotiation between employers and employees
d) A practice aimed at promoting productivity

3. What's Clara's favorite course at college?
a) Architecture
b) French
c) History of African art
d) Sports

4. Why doesn't Céline's mother want her to have her own apartment?
a) Apartments are too expensive
b) Not to be far from her family
c) Because she hasn't finished her studies
d) Because she's underage

5. When will Céline and Clara turn 18?
a) In February
b) In March
c) In April

d) En juillet   d) In July

7. On va à un concert de chanson française

Les **cours** ont repris, mais ce n'est pas une raison pour ne pas sortir ! Céline adore la musique ! Elle écoute de tout : de la musique classique, de la musique électronique, de la pop, et aussi de la chanson française. Elle adore Georges Brassens, Barbara et Jacques Brel. Mais ces chanteurs sont **décédés**, et il y a de nouveaux **chanteurs** excellents, explique-t-elle à Clara. La chanson française est issue d'une longue tradition en France. Clara s'y intéresse, parce que c'est une très bonne façon d'apprendre de nouvelles expressions et des nouveaux **mots** de vocabulaire. Dans le salon familial, il y a une grande collection de CDs que Clara regarde souvent. Elle choisit parfois un disque pour l'écouter en **lisant**. Elle aime particulièrement les nouveaux groupes de chanson française. Les noms aussi sont sympa : Les Têtes Raides, La Tordue...

Justement, Céline rentre le jeudi soir avec un grand **sourire** : elle a vu une affiche pour un concert de La Tordue ! Elle adore La Tordue. Les **paroles** sont vraiment **chouettes**. Elle en parle à Florence immédiatement en arrivant.

« Maman, il y a un concert où j'aimerais aller... Tu crois qu'on peut y aller avec Clara ?

- Ma chérie, ça dépend quand c'est. Je ne veux pas que ça t'**empêche** d'étudier. Est-ce que c'est cher ? répond Florence, qui veut bien lui **offrir** le concert mais veut la responsabiliser aussi.

- Oh, je ne peux pas étudier tous les soirs ! répond Céline. C'est le début du **semestre**, et le concert est la semaine prochaine, fin février !

- Est-ce que tu en as parlé à Clara ? demande Patrick, qui écoute la conversation.

- Clara ! appelle Céline. Et Clara arrive.

- Oui ?

- Clara, tu veux venir à un concert avec moi la semaine prochaine ? Dis oui ! C'est La Tordue ! **supplie** Céline.

- Quelle question, bien sûr, ça me ferait super plaisir ! répond Clara, enchantée.

- Bon, c'est d'accord, déclare Florence. Mais vous serez sages ! »

Cours (m) (nom commun) : lesson, class
Décédé (adjectif) : dead, deceased
Chanteur (m) (nom commun) : singer
Mot (m) (nom commun) : word
Lire (verbe) : to read
Sourire (m) (nom commun) : smile
Paroles (f, pl) (nom commun) : lyrics
Chouette (adjectif) : nice, great
Empêcher (verbe) : to prevent, to avoid
Offrir (verbe) : to offer
Semestre (m) (nom commun) : semester
Supplier (verbe) : to beg

Céline, ravie, court chercher son **ordinateur** pour acheter les billets de concert. Deux personnes, au Transbordeur, une salle de concert **célèbre** à Lyon pour ses concerts de musique indépendante de qualité. C'est la toute première fois que Clara va aller à un concert sans sa famille, elle est très impatiente. Céline appelle ses amis, Max et Anouk, pour leur demander s'ils

veulent venir. Max viendra, Anouk ne sait pas **encore**, elle doit demander à sa mère. Valentine, contactée par Clara, accepte avec plaisir. Chacun achète sa place, Anouk rappelle un peu plus tard dans la journée pour dire que c'est d'accord.

La semaine de cours se passe plutôt bien **malgré** la pluie. Comme il faut étudier, la pluie n'est pas si grave. Cela dit, Clara commence à en avoir assez de l'hiver – **à vrai dire**, tout le monde **en a marre**. Florence **essaye** d'éviter le sujet pour ne pas susciter la complainte de toute la famille, mais Patrick n'hésite pas, le matin, à lancer une remarque **cynique** en ouvrant les volets : « pas mal, pour un mois de novembre ! » Cela fait rire Clara, mais Mattéo souffle et retourne à son téléphone. En vrai, tout le monde en a assez de l'hiver. Plus qu'un petit mois, pense Clara.

Chaque jour, après les cours, Clara va à la bibliothèque universitaire avant de rentrer à la maison. Elle y retrouve le plus souvent Valentine, et parfois Céline les **rejoint**. **Pendant** cette semaine, en prévision du concert, Clara écoute aussi les chansons de La Tordue. Cela lui permet d'apprendre les paroles et aussi d'essayer de les **comprendre**. Ce n'est pas toujours **facile**, mais c'est toujours intéressant !

Ordinateur (m) (nom commun) : computer
Célèbre (adjectif) : famous
Encore (adverbe) : still, yet
Malgré (préposition) : despite
À vrai dire (expression) : to tell the truth, to be honest
En avoir marre (locution adverbiale) : be fed up with it
Cynique (adjectif) : cynical
Rejoindre (verbe) : to meet, to join
Pendant (préposition) : during
Essayer (verbe) : to try
Comprendre (verbe) : to understand
Facile (adjectif) : easy, simple

Quand le samedi arrive, les filles sont ravies. Elles **chantent** et dansent dans l'appartement familial, et se préparent pour le soir. Elles retrouvent leurs amis deux heures avant le concert dans un café, et **se rendent** à la salle de concert en métro une petite heure avant l'événement, avec leurs **billets** sur leurs téléphones. À l'entrée, les vigiles vérifient les sacs à main : pas de bouteille d'eau, pas d'objets interdits, couteaux, ou autre. Vérification des

pièces d'identité : c'est tout bon, le groupe peut entrer !

Le Transbordeur n'est pas une très grande salle de concert, mais elle semble grande à Clara. Et **surtout**, très cool. Il y a déjà de la musique, et un peu de monde. Elles vont **chercher** à boire, de l'eau et un coca, ainsi qu'un sandwich. En faisant la queue pour acheter à boire, Clara repère un garçon qui la regarde. Il est plutôt **mignon**, et il la regarde vraiment… Comme elle est **timide**, elle ne sait pas quoi faire et elle sourit, elle **rougit** peut-être un peu. Anouk la voit et elle rit gentiment.

Une petite heure se passe et le premier groupe entre en scène : il y a une première partie avec une jeune chanteuse française qui a une très **jolie** voix. Et Clara réalise que c'est très difficile de comprendre le français chanté en direct ! Mais elle adore l'ambiance, le son est excellent, les gens sont contents, il y a vraiment une très bonne atmosphère. Quand la chanteuse a fini son concert, après les **applaudissements**, il y a une petite pause. Les ingénieurs du spectacle préparent la scène pour le groupe principal. Anouk et Max sortent fumer une cigarette ; Clara et Céline ne fument pas et restent dans la salle. Valentine ne fume pas mais les **accompagne** pour prendre l'air.

Quand (adverbe) : when
Chanter (verbe) : to sing
Se rendre (verbe pronominal) : to go
Billet (m) (nom commun) : ticket, pass
Surtout (adverbe) : especially
Chercher (verbe) : to look for, to search for
Mignon (adjectif) : cute
Timide (adjectif) : shy
Rougir (verbe) : to blush
Joli (adjectif) : pretty
Applaudissement (m) (nom commun) : clapping, applause
Accompagner (verbe) : to go with, to accompany

Les **lumières** allumées, Clara **aperçoit** à nouveau le garçon qui la regardait un peu plus **tôt**. Il la regardait encore mais il a tourné les **yeux** dès qu'il a vu qu'elle le voyait. Elle est un peu **troublée**, et elle ne sait pas comment **réagir**, alors elle ne réagit pas. La seconde partie du concert commence et c'est vraiment **génial** ! Clara reconnaît quelques chansons et elle en découvre **quelques-unes**. Quand vient la fin du concert, elle applaudit très fort, et il y a deux rappels.

À la fin du concert, **épuisées**, les filles s'apprêtent à sortir de la salle pour prendre le métro. Elles **saluent** Max, Anouk et Valentine. Le garçon est toujours là et cette fois-ci, il s'approche et lui donne simplement un petit papier... Valentine fait un large sourire, et Clara rougit très fort ! Elle prend le papier, le **glisse** dans sa poche, dit au revoir avec Céline et elles partent enfin.

Sur le chemin du retour, Céline taquine Clara : « Dis-moi, il était pas mal ce garçon, celui qui t'a donné un mot ! Tu le lis ? » Clara répond qu'elle préfère le lire plus tard. Elle sourit, et elle **acquiesce**. C'est vrai qu'il n'était pas mal du tout !

Lumière (f) (nom commun) : light
Apercevoir (verbe) : to catch sight of, to notice
Tôt (adverbe) : early
Yeux (m, pl) (nom commun) : eyes
Troublé (ajectif) : confused, disturbed
Réagir (verbe) : to react
Génial (adjectif) : brilliant, great, fantastic
Quelques-uns (pronom indéfini) : some, a few
Épuisé (adjectif) : exhausted, worn out
Saluer (verbe) : to greet
Glisser (verbe) : to slip, to slide
Acquiescer (verbe) : to agree, to assent

Questions (Chapitre 7)

1. Quel groupe Céline veut absolument aller voir en concert ?
a) Les Têtes Raides
b) La Tordue
c) Georges Brassens
d) Barbara

2. Où va Clara chaque jour après les cours ?
a) À la bibliothèque
b) À un concert
c) Au parc
d) Voir des amis

3. Quel artiste joue en première partie du concert ?
a) Jacques Brel
b) Les Têtes Raides
c) Barbara
d) Une jeune chanteuse française

4. Qu'est-ce qu'un garçon a donné à Clara au concert ?
a) Une cigarette
b) Un verre
c) Un sandwich
d) Un petit papier

5. Comment les filles rentrent-elles après le concert ?
a) En taxi
b) En métro
c) À vélo
d) À pied

7. On va à un concert de chanson française

Les cours ont repris, mais ce n'est pas une raison pour ne pas sortir ! Céline adore la musique ! Elle écoute de tout : de la musique classique, de la musique électronique, de la pop, et aussi de la chanson française. Elle adore Georges Brassens, Barbara et Jacques Brel. Mais ces chanteurs sont décédés, et il y a de nouveaux chanteurs excellents, explique-t-elle à Clara. La chanson française est issue d'une longue tradition en France. Clara s'y intéresse, parce que c'est une très bonne façon d'apprendre de nouvelles expressions et des nouveaux mots de vocabulaire. Dans le salon familial, il y a une grande collection de CDs que Clara regarde souvent. Elle choisit parfois un disque pour l'écouter en lisant. Elle aime particulièrement les nouveaux groupes de chanson française. Les noms aussi sont sympa : Les Têtes Raides, La Tordue...

Justement, Céline rentre le jeudi soir avec un grand sourire : elle a vu une affiche pour un concert de La Tordue ! Elle adore La Tordue. Les paroles sont vraiment chouettes. Elle en parle à Florence immédiatement en arrivant.

« Maman, il y a un concert où j'aimerais aller... Tu crois qu'on peut y aller avec Clara ?

7. We're going to a French song concert

Classes are back in session, but that's no reason not to go out! Céline loves music! She listens to everything: Classical music, electronic music, pop and French songs. She loves Georges Brassens, Barbara and Jacques Brel. But these singers have passed away, and there are some excellent new singers, she explains to Clara. French songs have a long tradition in France. Clara is interested in it, because it's a great way to learn new expressions and new vocabulary. In the family living room, there's a large collection of CDs that Clara often looks at. Sometimes she chooses a record to listen to while she reads. She particularly likes the new French songs groups. The names are nice too: les Têtes Raides, La Tordue...

Precisely, Céline comes home on a Thursday evening with a big smile: she's seen a poster for a concert by La Tordue! She loves La Tordue. The lyrics are really cool. She tells Florence about it as soon as she arrives.

"Mom, there's a concert I'd like to go to... Do you think I can go with Clara?

77

- Ma chérie, ça dépend quand c'est. Je ne veux pas que ça t'empêche d'étudier. Est-ce que c'est cher ? répond Florence, qui veut bien lui offrir le concert mais veut la responsabiliser aussi.

- Oh, je ne peux pas étudier tous les soirs ! répond Céline. C'est le début du semestre, et le concert est la semaine prochaine, fin février !

- Est-ce que tu en as parlé à Clara ? demande Patrick, qui écoute la conversation.

- Clara ! appelle Céline. Et Clara arrive.

- Oui ?

- Clara, tu veux venir à un concert avec moi la semaine prochaine ? Dis oui ! C'est La Tordue ! supplie Céline.

- Quelle question, bien sûr, ça me ferait super plaisir ! répond Clara, enchantée.

- Bon, c'est d'accord, déclare Florence. Mais vous serez sages ! »

Céline, ravie, court chercher son ordinateur pour acheter les billets de concert. Deux personnes, au Transbordeur, une salle de concert célèbre à Lyon pour ses concerts de musique indépendante de qualité. C'est la toute première fois que Clara va aller à un concert sans sa famille,

- Sweetheart, it depends when it is. I don't want it to get in the way of your studying. Is it expensive? replies Florence, who is happy to offer her the concert but also wants to make her responsible.

- Oh, I can't study every night! replies Céline. It's the beginning of the semester, and the concert is next week, at the end of February!

- Have you talked to Clara about it? asks Patrick, who's listening in on the conversation.

- Clara! calls Céline. And Clara arrives.

- Yes?

- Clara, would you like to come to a concert with me next week? Say yes! It's La Tordue! begs Céline.

- What a question, of course, I'd love to! replies Clara, delighted.

- Well, it's agreed, declares Florence. But you'll be good!"

Céline, delighted, searches for her computer to buy the concert tickets. Two people, at the Transbordeur, a concert hall famous in Lyon for its quality independent music concerts. It's the very first time Clara is going to a concert without her family, and she's really looking forward to it.

elle est très impatiente. Céline appelle ses amis, Max et Anouk, pour leur demander s'ils veulent venir. Max viendra, Anouk ne sait pas encore, elle doit demander à sa mère. Valentine, contactée par Clara, accepte avec plaisir. Chacun achète sa place, Anouk rappelle un peu plus tard dans la journée pour dire que c'est d'accord.

La semaine de cours se passe plutôt bien malgré la pluie. Comme il faut étudier, la pluie n'est pas si grave. Cela dit, Clara commence à en avoir assez de l'hiver – à vrai dire, tout le monde en a marre. Florence essaye d'éviter le sujet pour ne pas susciter la complainte de toute la famille, mais Patrick n'hésite pas, le matin, à lancer une remarque cynique en ouvrant les volets : « pas mal, pour un mois de novembre ! » Cela fait rire Clara, mais Mattéo souffle et retourne à son téléphone. En vrai, tout le monde en a assez de l'hiver. Plus qu'un petit mois, pense Clara.

Chaque jour, après les cours, Clara va à la bibliothèque universitaire avant de rentrer à la maison. Elle y retrouve le plus souvent Valentine, et parfois Céline les rejoint. Pendant cette semaine, en prévision du concert, Clara écoute aussi les chansons de La Tordue. Cela lui permet d'apprendre les paroles et aussi d'essayer de les comprendre. Ce n'est pas toujours facile, mais c'est toujours intéressant !

Céline calls her friends, Max and Anouk, to ask if they want to come. Max comes, Anouk doesn't know yet, she has to ask her mother. Valentine, contacted by Clara, gladly accepts. Everyone buys their place; Anouk calls back later in the day to say it's okay.

Despite the rain, the week's lessons go well. Since we have to study, the rain isn't so bad. That said, Clara is getting fed up with winter - in fact, everyone is. Florence tries to avoid the subject so as not to arouse the whole family's complaints, but Patrick doesn't hesitate to make a cynical remark when he opens the shutters in the morning: "Not bad for November!" It makes Clara laugh, but Mattéo huffs and puffs and goes back to his phone. The truth is, everyone's had enough of winter. Just one more month, Clara thinks.

Every day, after classes, Clara goes to the university library before going home. She usually finds Valentine there, and sometimes Céline joins them. During this week, in preparation for the concert, Clara also listens to La Tordue songs. This allows her to learn the lyrics and try to understand them. It's not always easy, but it's always interesting!

Quand le samedi arrive, les filles sont ravies. Elles chantent et dansent dans l'appartement familial, et se préparent pour le soir. Elles retrouvent leurs amis deux heures avant le concert dans un café, et se rendent à la salle de concert en métro une petite heure avant l'événement, avec leurs billets sur leurs téléphones. À l'entrée, les vigiles vérifient les sacs à main : pas de bouteille d'eau, pas d'objets interdits, couteaux, ou autre. Vérification des pièces d'identité : c'est tout bon, le groupe peut entrer !	When Saturday arrives, the girls are delighted. They sing and dance around the family apartment, and get ready for the evening. They meet their friends two hours before the concert in a café, and get to the concert hall by metro an hour before the event, with their tickets on their phones. At the entrance, security guards check purses: no water bottles, no forbidden objects, knives or anything else. IDs are checked: it's all set, the group can enter!
Le Transbordeur n'est pas une très grande salle de concert, mais elle semble grande à Clara. Et surtout, très cool. Il y a déjà de la musique, et un peu de monde. Elles vont chercher à boire, de l'eau et un coca, ainsi qu'un sandwich. En faisant la queue pour acheter à boire, Clara repère un garçon qui la regarde. Il est plutôt mignon, et il la regarde vraiment… Comme elle est timide, elle ne sait pas quoi faire et elle sourit, elle rougit peut-être un peu. Anouk la voit et elle rit gentiment.	Le Transbordeur isn't a very big concert venue, but it seems big to Clara. And above all, very cool. There's already music playing, and a bit of a crowd. They go for drinks, water and a Coke, as well as a sandwich. While waiting in line to buy a drink, Clara spots a boy staring at her. He's quite cute, and he's really looking at her… Since she's shy, she doesn't know what to do and she smiles, maybe blushing a little. Anouk sees her and laughs gently.
Une petite heure se passe et le premier groupe entre en scène : il y a une première partie avec une jeune chanteuse française qui a une très jolie voix. Et Clara réalise que c'est très difficile de comprendre le français chanté en direct ! Mais elle adore l'ambiance, le son est excellent, les gens sont contents, il y a vraiment une très bonne atmosphère. Quand	An hour goes by and the first group comes on stage: there's an opening act with a young French singer with a very pretty voice. And Clara realizes that it's very difficult to understand French sung live! But she loves the atmosphere, the sound is excellent, people are happy, there's a really good vibe. When the singer has finished her concert, after the

la chanteuse a fini son concert, après les applaudissements, il y a une petite pause. Les ingénieurs du spectacle préparent la scène pour le groupe principal. Anouk et Max sortent fumer une cigarette ; Clara et Céline ne fument pas et restent dans la salle. Valentine ne fume pas mais les accompagne pour prendre l'air.

Les lumières allumées, Clara aperçoit à nouveau le garçon qui la regardait un peu plus tôt. Il la regardait encore mais il a tourné les yeux dès qu'il a vu qu'elle le voyait. Elle est un peu troublée, et elle ne sait pas comment réagir, alors elle ne réagit pas. La seconde partie du concert commence et c'est vraiment génial ! Clara reconnaît quelques chansons et elle en découvre quelques-unes. Quand vient la fin du concert, elle applaudit très fort, et il y a deux rappels.

À la fin du concert, épuisées, les filles s'apprêtent à sortir de la salle pour prendre le métro. Elles saluent Max, Anouk et Valentine. Le garçon est toujours là et cette fois-ci, il s'approche et lui donne simplement un petit papier... Valentine fait un large sourire, et Clara rougit très fort ! Elle prend le papier, le glisse dans sa poche, dit au revoir avec Céline et elles partent enfin.

Sur le chemin du retour, Céline taquine Clara : « Dis-moi, il était pas mal ce garçon, celui qui t'a donné un mot ! Tu le lis ? » Clara répond qu'elle

applause, there's a short pause. The show engineers prepare the stage for the main band. Anouk and Max go out for a cigarette; Clara and Céline don't smoke and stay in the room. Valentine doesn't smoke but accompanies them for some fresh air.

With the lights on, Clara sees again the boy who had been staring at her earlier. He was still looking at her but turned away as soon as he saw her looking at him. She's a little confused, and doesn't know how to react, so she doesn't. The second half of the concert begins and it's really great! Clara recognizes a few songs and discovers a few new ones. When the concert comes to an end, she applauds loudly, and there are two encores.

At the end of the concert, exhausted, the girls get ready to leave the hall to take the metro. They greet Max, Anouk and Valentine. The boy is still there, and this time he approaches her and simply hands her a small piece of paper... Valentine smiles broadly, and Clara blushes very brightly! She takes the paper, slips it into her pocket, says goodbye with Céline and they finally leave.

On the way home, Céline teases Clara: "Tell me, that boy wasn't bad, the one who gave you a note! Will you read it?" Clara replies that she'd

préfère le lire plus tard. Elle sourit, et elle acquiesce. C'est vrai qu'il n'était pas mal du tout !

rather read it later. She smiles and nods. It's true, he wasn't bad at all!

Questions (Chapitre 7)

1. Quel groupe Céline veut absolument aller voir en concert ?
a) Les Têtes Raides
b) La Tordue
c) Georges Brassens
d) Barbara

2. Où va Clara chaque jour après les cours ?
a) À la bibliothèque
b) À un concert
c) Au parc
d) Voir des amis

3. Quel artiste joue en première partie du concert ?
a) Jacques Brel
b) Les Têtes Raides
c) Barbara
d) Une jeune chanteuse française

4. Qu'est-ce qu'un garçon a donné à Clara au concert ?
a) Une cigarette
b) Un verre
c) Un sandwich
d) Un petit papier

5. Comment les filles rentrent-elles après le concert ?
a) En taxi
b) En métro
c) À vélo
d) À pied

Questions (Chapter 7)

1. Which band does Céline absolutely want to see live?
a) Les Têtes Raides
b) La Tordue
c) Georges Brassens
d) Barbara

2. Where does Clara go every day after school?
a) To the library
b) To a concert
c) To the park
d) To see her friends

3. Which artist is opening the concert?
a) Jacques Brel
b) Les Têtes Raides
c) Barbara
d) A young French singer

4. What did a boy give Clara at the concert?
a) A cigarette
b) A drink
c) A sandwich
d) A small piece of paper

5. How do the girls get home after the concert?
a) By cab
b) By metro
c) By bike
d) On foot

8. C'EST LA FIN DE L'HIVER… ON ATTEND LE PRINTEMPS !

Le concert était vraiment super. Clara y a repensé toute la semaine. En rentrant, le soir, après le concert, elle est allée dans sa chambre et a ouvert le petit mot laissé par le garçon qui la regardait intensément : « Je m'appelle Julien et je te trouve très charmante. Je crois que je te vois **parfois** à la fac. Appelle-moi si tu veux ! Pour un café ou une promenade… » et son numéro de téléphone. C'est tout ! Mais elle est très contente. Il faut lui écrire, maintenant. Mais Clara est timide, et elle ne sait pas flirter – encore moins en français. Elle décide de **remettre ça à plus tard**. Mais elle sait aussi qu'elle ne doit pas le faire attendre trop **longtemps**…

Et voilà, la vie reprend son cours normal, la petite routine, la fac, la bibliothèque, les cafés et la vie familiale. Clara a attrapé un petit **rhume** – **sûrement** en rentrant du concert. Il fait **froid**, il faut **se couvrir**, mais ça devient ennuyeux et Clara en a marre des **écharpes** et de son **manteau**. Le premier jour de son rhume, elle est si fatiguée qu'elle doit rester au lit. Comme c'est un mardi, Valentine prend gentiment les cours pour elle, et elle lui **apporte** les photocopies en **fin de journée**.

Parfois (adverbe) : sometimes

Remettre à plus tard (locution adverbiale) : to put something off until later
Longtemps (adverbe) : a long time
Rhume (m) (nom commun) : cold
Sûrement (adverbe) : most likely
Froid (adjectif) : cold
Se couvrir (verbe pronominal) : to cover up
Écharpe (f) (nom commun) : scarf
Manteau (m) (nom commun) : coat
Apporter (verbe) : to bring
Fin de journée (f) (nom commun) : end of the day

« Merci Valentine, c'est vraiment très gentil de ta part ! **remercie** Clara.

- Oh, ce n'est rien, avec plaisir ! De toute façon j'y allais. Tu n'as rien **raté** de fantastique, ce n'était vraiment pas passionnant aujourd'hui ! Bon, et alors, ce mot, le garçon, le soir du concert ! Raconte-moi ! demande Valentine, avec impatience.

- Ah ha, je vois pourquoi tu es venue me voir, ce n'était pas par **charité**, répond Clara en riant. Écoute, pour le moment il ne s'est rien passé… Je ne sais pas quoi faire, je ne suis pas **douée** pour ce genre de **choses** !

- Mais quoi, c'était quoi ce mot ?

- Je te laisse **lire**, tu verras, rien d'incroyable. »

Et Clara donne le mot à Valentine pour qu'elle le lise. Valentine sourit gentiment.

« Arrête, ce n'est pas rien ! Tu lui as écrit ? demande-t-elle.

- Tu te **doutes** que non. Je ne sais pas par quoi commencer, je suis **nulle**, et en plus ce n'est pas en anglais, c'est encore plus difficile !

- Eh bien, tu n'as même pas besoin d'écrire beaucoup ! Le pauvre, il doit attendre… Tu lui écris juste un petit message et tu verras bien ! conseille Valentine.

- Et j'écris quoi ? demande Clara.

- Alors, ça, je te laisse faire. Je ne veux pas être responsable ! répond Valentine en riant. »

Quand Valentine s'en va, Clara relit le message de Julien. Bon, c'est vrai après tout, elle n'a pas besoin d'écrire un roman. Quelques mots pour dire qu'elle a bien reçu, et elle verra bien. Ça ne l'**engage** à rien. Elle met tout de même une demi-heure à écrire deux lignes de texto. Elle finit par envoyer un très simple : « Salut, c'est Clara, la fille du concert. Pardon pour le retard, j'ai un petit rhume... Avec plaisir pour un café ou une promenade ! » Elle clique sur le bouton « envoyer » et **regrette immédiatement** après : elle trouve son message **minable**, vraiment ! Elle n'avait pas besoin de s'excuser, et en plus, parler de son rhume, quelle cruche. Bon, mais c'est trop tard, et en plus il a déjà lu ! Zut, se dit Clara. Et elle laisse son téléphone dans sa chambre toute la soirée, de **peur** de recevoir une réponse non souhaitée, ou pire, de ne pas recevoir de réponse du tout.

Remercier (verbe) : to thank
Rater (verbe) : to miss
Charité (f) (nom commun) : charity
Doué (adjectif) : gifted
Chose (f) (nom commun) : thing
Lire (vebre) : to read
Douter (verbe) : to doubt
Nul (adjectif) : bad, rubbish
Engager (verbe) : to oblige
Regretter (verbe) : to regret
Immédiatement (adverbe) : immediately
Minable (adjectif) : pathetic
Peur (f) (nom commun) : fear

Clara **rejoint** la famille pour le dîner. Elle va **visiblement** mieux après une journée de repos. Céline **se moque** gentiment en insinuant qu'elle fait semblant d'être malade pour rester au lit. Mais tout le monde a bien vu que Clara était **malade** et rit avant que Clara ne s'offense. Mais Dieu ! Que cet hiver est long ! Patrick a regardé la météo et il a une mauvaise nouvelle : demain, il pleige !

« Il pleige, mais qu'est-ce que c'est ? demande Clara, étonnée.

- Ha ha, répond Mattéo, tu connais pas ? Je suis sûr que tu peux **deviner**, dit

Mattéo en souriant.

- C'est un verbe ? dit Clara en cherchant son dictionnaire.

- Sans dictionnaire ! C'est pas dans le dictionnaire, de toute façon, dit Mattéo.

- Je vais t'**aider**, intervient Florence. C'est un mot inventé à partir de deux verbes pour décrire une météo très mauvaise, que nous n'aimons pas du tout. »

Clara réfléchit et elle fait la liste des mots qu'elle connaît pour décrire la météo. Pleuvoir, neiger… « J'ai trouvé ! dit-elle d'un coup. C'est un **mélange** de pluie et de neige, c'est ça ? » Et chacun rit en faisant oui de la tête : c'est bien ça, une pluie **presque** neigeuse ou une neige un peu liquide, pleiger… En effet, qui aime cette météo humide, froide et qui n'offre même pas le plaisir de la neige ! Mais c'est aussi la fin de l'hiver, et s'il pleige, c'est qu'il fait un peu moins froid peut-être. Le printemps est pour bientôt, le mois prochain, et la famille termine le repas sur cette note positive. Clara, fatiguée par son rhume, va se coucher **plus tôt** que les autres. Patrick lui dit gentiment de ne pas se déranger avec la vaisselle : « Va donc te reposer, on s'occupe de tout. Passe une **bonne nuit** ! »

>**Rejoindre** (verbe) : to meet, to join
>**Visiblement** (adverbe) : obviously
>**Se moquer** (verbe) : to make fun of
>**Malade** (adjectif) : sick
>**Deviner** (verbe) : to guess
>**Aider** (verbe) : to help, to assist
>**Mélange** (m) (nom commun) : mixture, mix
>**Presque** (adverbe) : almost, nearly
>**Plus tôt** (locution adverbiale) : earlier
>**Bonne nuit** (interjection) : good night

Quelle gentille famille, se dit Clara. Elle fait sa toilette, prend une douche **rapide** et va se coucher. En regardant son téléphone, elle constate une notification, un nouveau message. C'est Julien qui lui répond : « Pas de problème, tu n'as pas besoin de répondre à mes messages dans la minute ! Ne te sens **jamais** obligée. Tu vas mieux ? » Un message respectueux, attentionné et avec une question. « Je vais déjà mieux, oui, merci. Ce n'était pas très sérieux. Et toi, tu vas bien ? » Une conversation est engagée, je suppose, se dit

Clara, en souriant. Et ils commencent à discuter. Ce n'est qu'une heure **plus tard** que Clara laisse son téléphone et s'endort, impatiente du **lendemain**.

Quel (adjectif) : what a
Rapide (adjcetif) : fast, quick
Jamais (adverbe) : never
Plus tard (locution adverbiale) : later
Lendemain (m) (nom commun) : the next day, the day after

Questions (Chapitre 8)

1. Comment s'appelle le garçon que Clara a rencontré au concert ?
a) Jacques
b) Julien
c) Patrick
d) Côme

2. Qu'est-ce que Clara décide de faire initialement avec le garçon rencontré au concert ?
a) De l'appeler par téléphone
b) D'aller boire un café avec lui
c) D'aller faire une promenade
d) De prendre un peu de temps

3. Clara est … avec le garçon.
a) Intimidée
b) Entreprenante
c) Il ne l'intéresse pas du tout
d) Amoureuse

4. Est-ce que Clara est tombée malade ?
a) Non, elle va très bien
b) Elle a le covid
c) Elle a un rhume
d) Elle a une migraine

5. Que décide finalement de faire Clara avec Julien ?
a) Elle lui écrit un message
b) Elle l'appelle directement
c) Elle décide de le rencontrer en personne
d) Elle choisit de prendre ses distances

8. C'est la fin de l'hiver... on attend le printemps !

Le concert était vraiment super. Clara y a repensé toute la semaine. En rentrant, le soir, après le concert, elle est allée dans sa chambre et a ouvert le petit mot laissé par le garçon qui la regardait intensément : « Je m'appelle Julien et je te trouve très charmante. Je crois que je te vois parfois à la fac. Appelle-moi si tu veux ! Pour un café ou une promenade... » et son numéro de téléphone. C'est tout ! Mais elle est très contente. Il faut lui écrire, maintenant. Mais Clara est timide, et elle ne sait pas flirter – encore moins en français. Elle décide de remettre ça à plus tard. Mais elle sait aussi qu'elle ne doit pas le faire attendre trop longtemps...

Et voilà, la vie reprend son cours normal, la petite routine, la fac, la bibliothèque, les cafés et la vie familiale. Clara a attrapé un petit rhume – sûrement en rentrant du concert. Il fait froid, il faut se couvrir, mais ça devient ennuyeux et Clara en a marre des écharpes et de son manteau. Le premier jour de son rhume, elle est si fatiguée qu'elle doit rester au lit. Comme c'est un mardi, Valentine prend gentiment les cours pour elle, et elle lui apporte les photocopies en fin de journée.

« Merci Valentine, c'est vraiment très gentil de ta part ! remercie Clara.

8. It's the end of winter... we're waiting for spring!

The concert was really great. Clara thought about it all week. When she got home in the evening after the concert, she went to her room and opened the note left by the boy who was looking at her intently: "My name is Julien and I think you're very charming. I think I see you sometimes at college. Call me if you like! For a coffee or a walk..." and his phone number. And that's it! But she's very happy. Now I have to write him. But Clara is shy, and she doesn't know how to flirt - even less in French. She decides to postpone it. But she also knows she mustn't keep him waiting too long...

And so, life returns to its normal course, the small routine, college, library, cafés and family life. Clara has caught a small cold - probably on the way home from the concert. It's cold, you have to cover up, but it's getting boring and Clara is fed up with scarves and her coat. On the first day of her cold, she's so tired she has to stay in bed. As it's a Tuesday, Valentine kindly takes the lessons for her, and brings her the photocopies at the end of the day.

"Thank you, Valentine, that's very kind of you! thanks Clara.

- Oh, ce n'est rien, avec plaisir ! De toute façon j'y allais. Tu n'as rien raté de fantastique, ce n'était vraiment pas passionnant aujourd'hui ! Bon, et alors, ce mot, le garçon, le soir du concert ! Raconte-moi ! demande Valentine, avec impatience.

- Ah ha, je vois pourquoi tu es venue me voir, ce n'était pas par charité, répond Clara en riant. Écoute, pour le moment il ne s'est rien passé… Je ne sais pas quoi faire, je ne suis pas douée pour ce genre de choses !

- Mais quoi, c'était quoi ce mot ?

- Je te laisse lire, tu verras, rien d'incroyable. »

Et Clara donne le mot à Valentine pour qu'elle le lise. Valentine sourit gentiment.

« Arrête, ce n'est pas rien ! Tu lui as écrit ? demande-t-elle.

- Tu te doutes que non. Je ne sais pas par quoi commencer, je suis nulle, et en plus ce n'est pas en anglais, c'est encore plus difficile !

- Eh bien, tu n'as même pas besoin d'écrire beaucoup ! Le pauvre, il doit attendre… Tu lui écris juste un petit message et tu verras bien ! conseille Valentine.

- Et j'écris quoi ? demande Clara.

- Oh, it's nothing, with pleasure! I was on my way anyway. You didn't miss anything fantastic, it really wasn't exciting today! Well, what about that note, the boy, the night of the concert! Tell me about it! asks Valentine, impatiently.

- Ah ha, I can see why you came to see me, it wasn't for charity, replies Clara, laughing. Look, nothing's happened yet… I don't know what to do, I'm not good at this sort of thing!

- But what, what was that note?

- I'll let you read it, you'll see, nothing incredible."

And Clara hands the note to Valentine to read. Valentine smiles sweetly.

"Stop it, it's not nothing! Did you write to him? she asks.

- You don't think so? I don't know where to start, I'm hopeless, and besides, it's not in English, so it's even harder!

- Well, you don't even have to write much! Le pauvre, il doit attendre… Just write him a little message and you'll see! advises Valentine.

- And what do I write? asks Clara.

- Alors, ça, je te laisse faire. Je ne veux pas être responsable ! répond Valentine en riant. »

Quand Valentine s'en va, Clara relit le message de Julien. Bon, c'est vrai après tout, elle n'a pas besoin d'écrire un roman. Quelques mots pour dire qu'elle a bien reçu, et elle verra bien. Ça ne l'engage à rien. Elle met tout de même une demi-heure à écrire deux lignes de texto. Elle finit par envoyer un très simple : « Salut, c'est Clara, la fille du concert. Pardon pour le retard, j'ai un petit rhume… Avec plaisir pour un café ou une promenade ! » Elle clique sur le bouton « envoyer » et regrette immédiatement après : elle trouve son message minable, vraiment ! Elle n'avait pas besoin de s'excuser, et en plus, parler de son rhume, quelle cruche. Bon, mais c'est trop tard, et en plus il a déjà lu ! Zut, se dit Clara. Et elle laisse son téléphone dans sa chambre toute la soirée, de peur de recevoir une réponse non souhaitée, ou pire, de ne pas recevoir de réponse du tout.

Clara rejoint la famille pour le dîner. Elle va visiblement mieux après une journée de repos. Céline se moque gentiment en insinuant qu'elle fait semblant d'être malade pour rester au lit. Mais tout le monde a bien vu que Clara était malade et rit avant que Clara ne s'offense. Mais Dieu ! Que cet hiver est long ! Patrick a regardé la météo et il a une mauvaise

- Well, I'll leave that to you. I don't want to be responsible! replies Valentine, laughing."

When Valentine leaves, Clara rereads Julien's message. Well, it's true after all, she doesn't need to write a novel. A few words to say she received it, and she'll see. No strings attached. Still, it takes her half an hour to write two lines of text. She finally sends a very simple one: "Hi, it's Clara, the girl from the concert. Sorry for the late reply, I've got a bit of a cold… I'd love to meet you for a coffee or a walk!" She clicks on the "send" button and immediately regrets it: she finds her message pathetic, really! She didn't need to apologize, and what's more, she didn't need to talk about her cold, what a loser. Well, it's too late, and he's already read it! Damn, Clara said to herself. And she leaves her phone in her room all evening, afraid of receiving an unwanted reply, or worse, no reply at all.

Clara joins the family for dinner. She's clearly feeling better after a day's rest. Céline gently teases, insinuating that she's pretending to be ill to stay in bed. But everyone sees that Clara is ill and laughs before Clara can take offense. But God! What a long winter! Patrick has been watching the weather forecast and has some bad news: it's going to rain tomorrow!

nouvelle : demain, il pleige !

« Il pleige, mais qu'est-ce que c'est ? demande Clara, étonnée.

- Ha ha, répond Mattéo, tu connais pas ? Je suis sûr que tu peux deviner, dit Mattéo en souriant.

- C'est un verbe ? dit Clara en cherchant son dictionnaire.

- Sans dictionnaire ! C'est pas dans le dictionnaire, de toute façon, dit Mattéo.

- Je vais t'aider, intervient Florence. C'est un mot inventé à partir de deux verbes pour décrire une météo très mauvaise, que nous n'aimons pas du tout. »

Clara réfléchit et elle fait la liste des mots qu'elle connaît pour décrire la météo. Pleuvoir, neiger... « J'ai trouvé ! dit-elle d'un coup. C'est un mélange de pluie et de neige, c'est ça ? » Et chacun rit en faisant oui de la tête : c'est bien ça, une pluie presque neigeuse ou une neige un peu liquide, pleiger... En effet, qui aime cette météo humide, froide et qui n'offre même pas le plaisir de la neige ! Mais c'est aussi la fin de l'hiver, et s'il pleige, c'est qu'il fait un peu moins froid peut-être. Le printemps est pour bientôt, le mois prochain, et la famille termine le repas sur cette note positive. Clara, fatiguée par son rhume, va se coucher plus tôt que les

"It's raining, but what's that? asks Clara, astonished.

- Ha ha, replies Mattéo, don't you know? I'm sure you can guess, says Mattéo, smiling.

- Is it a verb? says Clara, reaching for her dictionary.

- Without a dictionary! It's not in the dictionary anyway, says Mattéo.

- I'll help you, says Florence. It's a word invented from two verbs to describe very bad weather, which we don't like at all."

Clara thinks about it and lists the words she knows to describe the weather. Rain, snow... "I've got it! she says suddenly. It's a mixture of rain and snow, isn't it?" And everyone laughs and nods: that's right, an almost snowy rain or a slightly liquid snow, pleiger... Indeed, who likes this wet, cold weather that doesn't even offer the pleasure of snow! But it's also the end of winter, and if it's raining, it's perhaps a little less cold. Spring is just around the corner, next month, and the family ends the meal on a positive note. Clara, tired from her cold, goes to bed earlier than the others. Patrick kindly tells her not to worry about the dishes: "Why

autres. Patrick lui dit gentiment de ne pas se déranger avec la vaisselle : « Va donc te reposer, on s'occupe de tout. Passe une bonne nuit ! »

Quelle gentille famille, se dit Clara. Elle fait sa toilette, prend une douche rapide et va se coucher. En regardant son téléphone, elle constate une notification, un nouveau message. C'est Julien qui lui répond : « Pas de problème, tu n'as pas besoin de répondre à mes messages dans la minute ! Ne te sens jamais obligée. Tu vas mieux ? » Un message respectueux, attentionné et avec une question. « Je vais déjà mieux, oui, merci. Ce n'était pas très sérieux. Et toi, tu vas bien ? » Une conversation est engagée, je suppose, se dit Clara, en souriant. Et ils commencent à discuter. Ce n'est qu'une heure plus tard que Clara laisse son téléphone et s'endort, impatiente du lendemain.

don't you go and get some rest, we'll take care of everything. Have a good night!"

What a nice family, Clara thinks to herself. She cleans up, takes a quick shower and goes to bed. Looking at her phone, she notices a notification, a new message. It's Julien who replies: "No problem, you don't have to answer my messages right away! Never feel obliged. Are you feeling better?" A respectful, thoughtful message and with a question. "I'm better already, yes, thank you. It wasn't very serious. And how are you?" A conversation is started, I guess, Clara thinks, smiling. And they start talking. It's only an hour later that Clara leaves her phone and falls asleep, looking forward to tomorrow.

Questions (Chapitre 8)

1. Comment s'appelle le garçon que Clara a rencontré au concert ?
a) Jacques
b) Julien
c) Patrick
d) Côme

2. Qu'est-ce que Clara décide de faire avec le garçon rencontré au concert ?
a) De l'appeler par téléphone
b) D'aller boire un café avec lui
c) D'aller faire une promenade
d) De prendre un peu de temps

3. Clara est ... avec le garçon ?
a) Intimidée
b) Entreprenante
c) Il ne l'intéresse pas du tout
d) Amoureuse

4. Est-ce que Clara est tombée malade ?
a) Non, elle va très bien
b) Elle a le covid
c) Elle a un rhume
d) Elle a une migraine

5. Que décide finalement de faire Clara avec Julien ?
a) Elle lui écrit un message
b) Elle l'appelle directement
c) Elle décide de le rencontrer en personne
d) Elle choisit de prendre ses distances

Questions (Chapter 8)

1. What is the name of the boy Clara met at the concert?
a) Jacques
b) Julien
c) Patrick
d) Côme

2. What does Clara decide to do with the boy she met at the concert?
a) Call him
b) Go for a coffee with him
c) Go for a walk
d) Take some time

3. Clara is ... with the boy?
a) Intimidated
b) Enterprising
c) Not at all interested in him
d) In love

4. Has Clara fallen ill?
a) No, she's fine
b) She has covid
c) She has a cold
d) She has a migraine

5. What does Clara finally decide to do with Julien?
a) She writes him a message
b) She calls him directly
c) She decides to meet him in person
d) She chooses to keep her distance

9. Les résultats des examens arrivent enfin…

Le lendemain est un jour important : les résultats des examens sont enfin **publiés** ! Tous les étudiants sont connectés et **rafraîchissent** la page Internet des résultats régulièrement. Mais ce n'est que dans l'**après-midi** que les résultats apparaissent. Clara est en cours et elle est impatiente que le cours soit terminé pour pouvoir regarder sur Internet. À la fin de cette heure qui lui semble **interminable**, Valentine l'attrape par le bras et la tire vers la cafétéria. « Allez viens, on regarde les résultats ensemble ! » dit-elle. Mais Clara est un peu inquiète : avec son niveau de français un peu moyen, elle a peur d'avoir des résultats **médiocres**. « T'inquiète, je suis nulle. Et puis pas de compétition entre nous ! On est là pour s'entraider, et puis en plus, tu es étrangère, tu as plus de **mérite** que moi ! » Clara adore Valentine. Elle trouve toujours les mots justes. Les deux copines se dirigent vers une table libre, prennent chacune un café allongé et un grand verre d'eau. Elles sortent leur ordinateur, se connectent au Wifi. Le stress se fait sentir…

« Ouf ! s'écrie Valentine. Je passe ! Le semestre, pas de **rattrapage** !

- Génial, dit Clara, qui se connecte au site web, de plus en plus inquiète. Oh zut ! Attend, c'est quoi, ça veut dire quoi ? demande-t-elle, soudain très

inquiète. J'ai deux matières en-dessous de 10 sur 20 !

- Ne t'inquiète pas, attends, laisse-moi regarder. »

Valentine regarde les résultats de son amie. Elle lit attentivement puis rassure Clara : « Eh, ce n'est vraiment pas si mal ! Good job ! Oui, quelques **notes** un peu médiocres, mais tu as aussi des bonnes notes ! Ta moyenne est au-dessus de 10, et pour un premier semestre, en tant qu'étudiante étrangère, tu t'en tires très bien je trouve ! Regarde, j'ai **plein** de mauvaises notes… Ce n'est pas facile d'avoir une bonne moyenne ! » Et elle lui explique tout : les rattrapages c'est uniquement à la fin de l'année universitaire. Les notes du premier semestre et celles du deuxième semestre vont se compenser, et, si à la fin de l'année tu n'as pas toutes tes notes **au-dessus** de 10 sur 20, alors tu passes en rattrapage.

Publié (adjectif) : published
Rafraîchir (verbe) : to chill, to cool
Après-midi (f) (m) (nom commun) : afternoon
Interminable (adjectif) : never - ending
Médiocre (adjectif) : mediocre, second rate
Mérite (m) (nom commun) : merit, worth
Rattrapage (m) (nom commun) : retake
Note (f) (nom commun) : mark, grade
Plein (adjectif) : full of
Au-dessus (préposition) : above

« **Franchement**, ne t'en fais pas. Tu as la moyenne et tu vas pouvoir compenser les quelques mauvaises notes au mois de juin.

- Bon, il va falloir que je travaille dur ! dit Clara, un peu **déçue**. Je ne m'attendais pas à une note excellente, mais on ne sait jamais… C'est ma **première** année, ça va aller !

- C'est ça, sois positive, Clara, lui dit encore Valentine. On est en première année et on doit apprendre et s'améliorer. C'est le **principe** des études ! »

Le téléphone de Clara **sonne** : c'est Céline qui appelle. Elle crie de joie : elle a des notes super, elle semble très heureuse ! « Félicitations ma belle, c'est mérité ! » dit Clara. Alors, Céline comprend à sa voix que sa joie n'est pas **réciproque**. « J'arrive, dit Céline, vous êtes où ? »

Céline arrive dès qu'elle le peut. Elle analyse les notes de son amie et les trois copines continuent à parler du second semestre, de ce que les notes ne sont pas mauvaises, et que vraiment, ça va aller, c'est un peu difficile, mais il faut rester positif. Clara décide de demander ses copies en espérant pouvoir comprendre ses erreurs. Elle contacte les professeurs des matières les **moins** bonnes, **écrit** quelques emails. Quand elle a terminé, elle regarde l'heure **sur** son téléphone, et trouve un message de Julien qui lui demande **comment** se passe sa journée. Cela la fait sourire, Céline le remarque :

Franchement (adverbe) : frankly, honestly
Déçu (adjectif) : disappointed
Premier (adjectif) : first
Principe (m) (nom commun) : principle
Sonner (verbe) : to ring
Réciproque (adjectif) : mutual
Moins (adverbe) : less
Écrire (verbe) : to write
Sur (préposition) : on
Comment (adverbe) : how

« Tout va bien ? demande-t-elle, en quête de la raison de ce sourire.

- Oh oui, répond Clara en rougissant un peu. C'est Julien, le **gars** du concert...

- Ah mais vous vous écrivez ! Et tu m'as rien dit ! s'écrie Valentine.

- Mais je savais rien, moi, **personne** ne me dit rien ! ajoute Céline.

- Eh, ça va les filles, pas de **panique** ! C'est juste quelques messages... On s'écrit **seulement** depuis hier soir... »

Céline **jette un œil** sur le téléphone de Clara et éclate de rire en voyant la longue liste de messages :

« Juste quelques messages, arrête un peu, seulement depuis hier soir et vous avez déjà des romans à vous raconter ! Bon, allez, raconte ! On s'en fiche des résultats des partiels ! dit-elle en riant encore.

- Bon mais il n'y a rien à raconter, dit Clara, un peu gênée... On s'est parlé un peu, voilà !

- Il est **sympa** alors ? demande Valentine.

- Oui, super sympa. Et respectueux. Il est étudiant aussi, en géographie. Il est drôle aussi. Mais je fais **plein** de fautes de français quand je lui écris, je suis sûre.

- Ça ne vous **empêche** pas de discuter apparemment, **taquine** Valentine.

- C'est pour quand la rencontre ? demande Céline, impatiente et toute **contente**.

- Ben, pour le moment, on n'a rien prévu. On verra ! »

Gars (m) (nom commun) : guy
Personne (pronom) : nobody, no one
Panique (f) (nom commun) : panic
Seulement (adverbe) : only
Jeter un œil (locution verbale) : to cast an eye over something
Sympa (adjectif) : nice, kind, friendly
Plein (adjectif) : full of
Empêcher (verbe) : to prevent
Taquiner (verbe) : to tease
Content (adjectif) : glad, happy

Les **trois** amies ont maintenant complètement arrêté de penser aux résultats des partiels. Elles **discutent** de stratégies amoureuses, de textos, de garçons, **échangent** leurs expériences sur le sujet. Chacune a son point de vue sur la manière de faire pour **accrocher** un garçon. Mais le plus important, **concluent**-elles, c'est d'être sûre qu'il te plaît vraiment, et qu'il soit respectueux. Clara répond au message et Céline l'invite à rentrer à la maison. Il se fait **tard** et les parents vont les attendre. Valentine les accompagne sur un bout de route, puis rentre chez elle. Clara va se coucher tôt : elle a envie de discuter un peu avec Julien. Elle réalise qu'elle pense souvent à lui... « C'est **ridicule**, se dit-elle. Tu le connais **à peine**... » Il n'empêche qu'elle va se coucher et écrit plein de messages à Julien, qui lui répond presque toujours immédiatement. On dirait qu'ils se plaisent !

Trois (adjectif) : three
Discuter (verbe) : to talk about
Échanger (verbe) : to exchange

Accrocher (verbe) : to get along
Conclure (verbe) : to end
Tard (adverbe) : late
Ridicule (adjectif) : ridiculous
À peine (locution adverbiale) : barely

Questions (Chapitre 9)

1. Est-ce que Céline a des bonnes notes ?
a) Oui, elle a eu des super résultats
b) Non, un peu médiocre, elle a eu tout juste la moyenne
c) Ses résultats sont mauvais
d) Elle n'a pas encore reçu ses notes

2. Est-ce que Clara a eu des bonnes notes ?
a) Oui, elle a eu des super résultats
b) Non, un peu médiocre, elle a eu tout juste la moyenne
c) Ses résultats sont mauvais
d) Elle n'a pas encore reçu ses notes

3. Que demande Julien à Clara par message ?
a) Le résultat de ses notes
b) Si elle veut le voir bientôt
c) Comment s'est passée sa journée
d) Si elle veut dîner avec lui

4. Depuis combien de temps Julien et Clara s'écrivent-ils des messages ?
a) Depuis hier matin
b) Depuis une semaine
c) Depuis ce matin
d) Il ne se sont jamais écrit

5. Est-ce que Clara et Julien se plaisent ?
a) Oui, ils ne font que de se parler par messages
b) Pas vraiment, ils se laissent le temps
c) Non, Clara n'a pas le temps pour un garçon
d) Elle veut se consacrer à ses études

9. Les résultats des examens arrivent enfin…

Le lendemain est un jour important : les résultats des examens sont enfin publiés ! Tous les étudiants sont connectés et rafraîchissent la page Internet des résultats régulièrement. Mais ce n'est que dans l'après-midi que les résultats apparaissent. Clara est en cours et elle est impatiente que le cours soit terminé pour pouvoir regarder sur Internet. À la fin de cette heure qui lui semble interminable, Valentine l'attrape par le bras et la tire vers la cafétéria. « Allez viens, on regarde les résultats ensemble ! » dit-elle. Mais Clara est un peu inquiète : avec son niveau de français un peu moyen, elle a peur d'avoir des résultats médiocres. « T'inquiète, je suis nulle. Et puis pas de compétition entre nous ! On est là pour s'entraider, et puis en plus, tu es étrangère, tu as plus de mérite que moi ! » Clara adore Valentine. Elle trouve toujours les mots justes. Les deux copines se dirigent vers une table libre, prennent chacune un café allongé et un grand verre d'eau. Elles sortent leur ordinateur, se connectent au Wifi. Le stress se fait sentir…

« Ouf ! s'écrie Valentine. Je passe ! Le semestre, pas de rattrapage !

- Génial, dit Clara, qui se connecte au site web, de plus en plus inquiète. Oh zut ! Attend, c'est quoi, ça veut

9. Exam results are finally in…

The next day is an important one: exam results are finally in! All the students are online, refreshing the results page regularly. But it's not until the afternoon that the results appear. Clara is in class and can't wait for it to be over so she can get online. At the end of what seems an interminable hour, Valentine grabs her by the arm and pulls her towards the cafeteria. "Come on, let's look at the results together," she says. But Clara is a little worried: with her slightly average level of French, she's afraid of getting mediocre results. "Don't worry, I'm terrible. And there's no competition between us! We're here to help each other, and besides, you're a foreigner, so you deserve more merit than me!" Clara adores Valentine. She always finds the right words. The two girlfriends head for a free table, each taking a big coffee and a tall glass of water. They take out their computers and connect to the Wifi. The stress starts to build…

"Phew! exclaims Valentine. I've passed! The semester, no catching up!

- Great, says Clara, who logs on to the website, increasingly worried. Oh dear! Wait, what's that? what

dire quoi ? demande-t-elle, soudain très inquiète. J'ai deux matières en-dessous de 10 sur 20 !

- Ne t'inquiète pas, attends, laisse-moi regarder. »

Valentine regarde les résultats de son amie. Elle lit attentivement puis rassure Clara : « Eh, ce n'est vraiment pas si mal ! Good job ! Oui, quelques notes un peu médiocres, mais tu as aussi des bonnes notes ! Ta moyenne est au-dessus de 10, et pour un premier semestre, en tant qu'étudiante étrangère, tu t'en tires très bien je trouve ! Regarde, j'ai plein de mauvaises notes... Ce n'est pas facile d'avoir une bonne moyenne ! » Et elle lui explique tout : les rattrapages c'est uniquement à la fin de l'année universitaire. Les notes du premier semestre et celles du deuxième semestre vont se compenser, et, si à la fin de l'année tu n'as pas toutes tes notes au-dessus de 10 sur 20, alors tu passes en rattrapage.

« Franchement, ne t'en fais pas. Tu as la moyenne et tu vas pouvoir compenser les quelques mauvaises notes au mois de juin.

- Bon, il va falloir que je travaille dur ! dit Clara, un peu déçue. Je ne m'attendais pas à une note excellente, mais on ne sait jamais... C'est ma première année, ça va aller !

- C'est ça, sois positive, Clara, lui

does that mean? she asks, suddenly very worried. I've got two subjects below 10 out of 20!

- Don't worry, wait, let me have a look."

Valentine looks at her friend's results. She reads them carefully, then reassures Clara: "Hey, it's really not that bad! Good job! Yes, some slightly mediocre marks, but you've got some good ones too! Your average is above 10, and for a first semester as a foreign student, I think you're doing really well! Look, I've got lots of bad marks... It's not easy to have a good average!" And she explains everything to her: the catch-up exams at the end of the year, the compensation between first and second semester marks, the catch-up exams at the end of the academic year if you don't have all your marks above 10.

"Frankly, don't worry. You've got the average and you'll be able to make up the few bad marks in June.

- Well, I'll have to work hard! says Clara, a little disappointed. I wasn't expecting an excellent mark, but you never know... It's my first year, I'll be fine!

- That's right, be positive, Clara, says

dit encore Valentine. On est en première année et on doit apprendre et s'améliorer. C'est le principe des études ! »

Le téléphone de Clara sonne : c'est Céline qui appelle. Elle crie de joie : elle a des notes super, elle semble très heureuse ! « Félicitations ma belle, c'est mérité ! » dit Clara. Alors, Céline comprend à sa voix que sa joie n'est pas réciproque. « J'arrive, dit Céline, vous êtes où ? »

Céline arrive dès qu'elle le peut. Elle analyse les notes de son amie et les trois copines continuent à parler du second semestre, de ce que les notes ne sont pas mauvaises, et que vraiment, ça va aller, c'est un peu difficile, mais il faut rester positif. Clara décide de demander ses copies en espérant pouvoir comprendre ses erreurs. Elle contacte les professeurs des matières les moins bonnes, écrit quelques emails. Quand elle a terminé, elle regarde l'heure sur son téléphone, et trouve un message de Julien qui lui demande comment se passe sa journée. Cela la fait sourire, Céline le remarque :

« Tout va bien ? demande-t-elle, en quête de la raison de ce sourire.

- Oh oui, répond Clara en rougissant un peu. C'est Julien, le gars du concert...

Valentine again. You're in your first year and you've got to learn and improve. That's what studying is all about!"

Clara's phone rings: it's Céline calling. She's screaming with joy: she's got great grades and seems very happy! "Congratulations, honey, you deserve it!" says Clara. Then Céline understands from her voice that her joy is not mutual. "I'm coming, says Céline, where are you?"

Céline arrives as soon as she can. She analyzes her friend's marks, and the three of them continue to talk about the second semester, how the grades aren't bad, and that really it's going to be okay, it's a bit difficult, but you have to stay positive. Clara decides to ask for her papers, hoping to understand her mistakes. She contacts the teachers of the subjects she's doing least well, writes a few emails. When she's finished, she looks at the time on her phone, and finds a message from Julien asking how her day is going. This makes her smile, and Céline notices:

"Is everything all right? she asks, searching for the reason for this smile.

- Oh yes, Clara replies, blushing a little. It's Julien, the guy from the concert...

- Ah mais vous vous écrivez ! Et tu m'as rien dit ! s'écrie Valentine.	- Ah, but you write to each other! And you didn't tell me! exclaims Valentine.
- Mais je savais rien, moi, personne ne me dit rien ! ajoute Céline.	- But I didn't know anything, nobody tells me anything! adds Céline.
- Eh, ça va les filles, pas de panique ! C'est juste quelques messages... On s'écrit seulement depuis hier soir... »	- Hey, what's up girls, don't panic! It's just a few messages... We've only been writing to each other since last night..."
Céline jette un œil sur le téléphone de Clara et éclate de rire en voyant la longue liste de messages :	Céline glances at Clara's phone and bursts out laughing at the long list of messages:
« Juste quelques messages, arrête un peu, seulement depuis hier soir et vous avez déjà des romans à vous raconter ! Bon, allez, raconte ! On s'en fiche des résultats des partiels ! dit-elle en riant encore.	"Just a few messages, stop it, only since last night and you've already got novels to tell each other! All right, come on, tell us about it! Who cares about the mid-term results! she says, still laughing.
- Bon mais il n'y a rien à raconter, dit Clara, un peu gênée... On s'est parlé un peu, voilà !	- Well, there's nothing to tell, says Clara, a little embarrassed... We've talked a bit, that's all!
- Il est sympa alors ? demande Valentine.	- Is he nice then? asks Valentine.
- Oui, super sympa. Et respectueux. Il est étudiant aussi, en géographie. Il est drôle aussi. Mais je fais plein de fautes de français quand je lui écris, je suis sûre.	- Yes, very nice. And respectful. He's a geography student too. He's funny too. But I make lots of French mistakes when I write to him, I'm sure.
- Ça ne vous empêche pas de discuter apparemment, taquine Valentine.	- That doesn't stop you from chatting apparently, Valentine teases.
- C'est pour quand la rencontre ?	- When's the meeting? asks Céline,

demande Céline, impatiente et toute contente.

- Ben, pour le moment, on n'a rien prévu. On verra ! »

Les trois amies ont maintenant complètement arrêté de penser aux résultats des partiels. Elles discutent de stratégies amoureuses, de textos, de garçons, échangent leurs expériences sur le sujet. Chacune a son point de vue sur la manière de faire pour accrocher un garçon. Mais le plus important, concluent-elles, c'est d'être sûre qu'il te plaît vraiment, et qu'il soit respectueux. Clara répond au message et Céline l'invite à rentrer à la maison. Il se fait tard et les parents vont les attendre. Valentine les accompagne sur un bout de route, puis rentre chez elle. Clara va se coucher tôt : elle a envie de discuter un peu avec Julien. Elle réalise qu'elle pense souvent à lui... « C'est ridicule, se dit-elle. Tu le connais à peine... » Il n'empêche qu'elle va se coucher et écrit plein de messages à Julien, qui lui répond presque toujours immédiatement. On dirait qu'ils se plaisent !

impatient and all happy.

- Well, for the moment, we haven't made any plans. We'll see!"

The three friends have now completely stopped thinking about mid-term results. They discuss dating strategies, texting, boys and sharing their experiences on the subject. Each has her own point of view on how to hook a boy. But the most important thing, they conclude, is to make sure you really like him, and that he's respectful. Clara replies to the message and Céline invites her to come home. It's getting late and the parents are waiting for them. Valentine accompanies them down the road, then returns home. Clara goes to bed early: she wants to have a little chat with Julien. She realizes that she thinks about him a lot... "It's ridiculous, she says to herself. You hardly know him..." Nevertheless, she goes to bed and writes Julien a lot of messages, which he almost always answers immediately. They seem to like each other!

Questions (Chapitre 9)

1. Est-ce que Céline a des bonnes notes ?
a) Oui, elle a eu des super résultats
b) Non, un peu médiocre, elle a eu tout juste la moyenne
c) Ses résultats sont mauvais
d) Elle n'a pas encore reçu ses notes

2. Est-ce que Clara a eu des bonnes notes ?
a) Oui, elle a eu des super résultats
b) Non, un peu médiocre, elle a eu tout juste la moyenne
c) Ses résultats sont mauvais
d) Elle n'a pas encore reçu ses notes

3. Que demande Julien à Clara par message ?
a) Le résultat de ses notes
b) Si elle veut le voir bientôt
c) Comment s'est passée sa journée
d) Si elle veut dîner avec lui

4. Depuis combien de temps Julien et Clara s'écrivent-ils des messages ?
a) Depuis hier matin
b) Depuis une semaine
c) Depuis ce matin
d) Il ne se sont jamais écrit

5. Est-ce que Clara et Julien se plaisent ?
a) Oui, ils ne font que de se parler par messages
b) Pas vraiment, ils se laissent le temps

Questions (Chapter 9)

1. Does Céline have good grades?
a) Yes, she got great results
b) No, a little mediocre, just average
c) Her results are bad
d) She has not received her grades yet

2. Did Clara get good marks?
a) Yes, she got great results
b) No, a little mediocre, just average
c) Her results are bad
d) She has not received her grades yet

3. What does Julien ask Clara by message?
a) The results of her grades
b) If she wants to see him soon
c) How was her day?
d) If she wants to have dinner with him.

4. How long have Julien and Clara been messaging each other?
a) Since yesterday morning
b) A week ago
c) Since this morning
d) They have never written to each other

5. Do Clara and Julien like each other?
a) Yes, they only talk to each other by message
b) Not really, they give each other time

c) Non, Clara n'a pas le temps pour un garçon

d) Elle veut se consacrer à ses études

c) No, Clara doesn't have time for a boy

d) She wants to concentrate on her studies

10. Fin de semestre : Promenade et Musée des Confluences

Le week-end arrive, et avec lui, la fin du **mois** de février. Les parents de Céline sont ravis des excellentes notes de leur fille. Ils sont, en même temps, très **encourageants** envers Clara : en tant qu'étudiante étrangère, pour un premier semestre, c'est vraiment bien. Ils sont sûrs que le second semestre sera plus facile pour elle, et elle a déjà fait de très gros **progrès** en français. Son **niveau** de langue n'a pas besoin d'être **impeccable**, et maintenant elle sait comment se passent les partiels en France. Vraiment, pas de quoi s'inquiéter ! Florence encourage les filles à sortir pour **fêter** la fin du semestre, et à faire quelque chose de sympa ; pourquoi pas un musée et une promenade ?

Oui, c'est ça, c'est une bonne idée ! Les deux amies prennent le **petit-déjeuner** et se préparent pour une promenade. Céline demande à Clara de lâcher un peu son téléphone. Clara **bougonne**, mais son amie a raison ! Ce n'est pas très sympa pour **les autres**, et Julien ne va pas **disparaître** si elle ne lui répond pas dans la minute. Elles décident ensemble de faire une journée sans téléphone. Il fait très beau, elles vont prendre des vélos et faire une longue promenade. Ensuite, elles **iront** au Musée des Confluences : Céline adore ce musée et elle veut le **montrer** à sa copine.

Mois (m) (nom commun) : month
Encourageant (adjectif) : encouraging
Progrès (m) (nom commun) : progress
Niveau (m) (nom commun) : level
Impeccable (adjectif) : perfect
Fêter (verbe) : to celebrate
Petit-déjeuner (m) (nom commun) : breakfast
Bougonner (verbe) : to grumble
Les autres (pronom) : others, the rest
Disparaître (verbe) : to disappear
Aller (verbe) : to go
Montrer (verbe) : to show

Le petit-déjeuner terminé, elles rangent, font la vaisselle, prennent une petite douche et **s'habillent chaudement** pour le vélo. Contentes de leur idée de faire une journée sans téléphone, ravies d'aller se balader entre filles, elles sortent rapidement et se dirigent vers la première station de vélo. C'est sur le chemin qu'elles **croisent** Max, par hasard. Il attend Anouk, ils ont prévu d'aller... au Musée des Confluences ! Quel hasard ! Génial, se disent-ils, **passons** la journée ensemble !

La promenade à vélo est fantastique. Ils **descendent** sur les **quais** et s'arrêtent plusieurs pour discuter sur un banc, pour regarder la vue, pour boire un café... En **début** d'après-midi, ils approchent du musée. Cette belle météo, ce grand **ciel** bleu, ça leur donne à tous l'impression que c'est déjà le **printemps**. Sur les vélos, ils se sentent libres. Anouk et Max ont l'air très amoureux, et Clara pense à Julien. Céline, elle, pense à manger.

S'habiller (verbe pronominal) : to get dressed
Chaudement (adverbe) : warmly
Croiser (verbe) : to bump into
Passer (verbe) : to spend (time) (in this context)
Descendre (verbe) : to go down
Quai (m) (commun) : riverbank
Début (m) (commun) : beginning
Ciel (m) (nom commun) : sky
Printemps (m) (nom commun) : spring

« Bon, j'**ai faim** moi, pas vous ? dit-elle quand ils s'arrêtent.

- Il n'y a pas de restaurant dans le musée ? remarque Anouk.

- Si mais c'est pas donné, répond Max.

- Allez, c'est la fin du semestre, on peut **se faire plaisir**, il paraît que c'est très bon ! dit Céline. Et on n'est pas obligés de prendre le menu le plus cher ! »

C'est **d'accord** : ils vont au restaurant du musée. Clara découvre enfin ce bâtiment étrange et moderne qu'elle n'avait vu que de loin : elle ne sait pas si elle le trouve beau, mais c'est intéressant. Max explique que cette architecture divise les Lyonnais depuis le début. Il y a des gens **contre** et des gens pour. Mais ce qui est génial, c'est ce qui est à l'intérieur. Anouk ne rate pas une exposition temporaire, parce qu'elles sont toujours superbes, et Max adore la collection permanente.

Ils commencent par demander une table au restaurant. Le **plat du jour** n'est pas très cher et, c'est vrai, délicieux. Du poisson en papillote accompagné de légumes de saison, simple mais très bien cuisiné ! Quand ils ont fini, ils vont au musée et Clara oublie alors **complètement** Julien et son téléphone. C'est fantastique ! Quelle belle collection ! Et la scénographie, incroyable ! Tout est interactif, les lumières sont belles, et tout est passionnant. C'est Anouk qui explique alors l'origine du musée : avant, ces collections étaient au Musée Guimet, vers le parc de la Tête d'Or. Le musée était très **vieux** et il avait besoin d'un coup de neuf, mais c'était déjà magique, ces collections. C'est vraiment une collection de curiosités : des **pierres**, des squelettes d'animaux préhistoriques, des tissus, des **papillons**, des artéfacts antiques ou préhistoriques... Les concepteurs du Musée des Confluences ont décidé de raconter l'histoire de la vie sur Terre à travers ces objets. Il y a tellement de contenu que les quatre amis n'ont pas le temps de tout voir avant la **fermeture** du musée. Clara triche un peu, beaucoup de choses sont traduites en anglais. Elle apprend plein de choses et elle s'émerveille dans chaque **pièce**.

Avoir faim (locution verbale) : to be hungry
Se faire plaisir (locution verbale) : to pamper yourself, to treat yourself
D'accord (interjection) : okay, all right
Contre (préposition) : against
Plat du jour (m) (nom commun) : dish of the day
Complètement (adverbe) : entirely
Vieux (adjectif) : old
Pierre (f) (nom commun) : stone

Papillon (m) (nom commun) : butterfly
Fermeture (f) (nom commun) : closing down, closure
Pièce (f) (nom commun) : room

Ils **doivent** quitter le musée avant d'avoir fini mais se **promettent** de revenir bientôt avec Clara. Quand il fera mauvais, ou quand il y aura une nouvelle exposition **temporaire** !

Remontés sur des vélos, ils prennent le **chemin** du retour – non sans s'arrêter pour boire un thé sur la route. Mais Clara est maintenant impatiente de **retrouver** son téléphone… Et, quand les filles sont de retour, elle va s'enfermer quelques minutes dans sa chambre pour **lire** ses messages. Julien lui **raconte** sa journée, il veut savoir comment elle va, si elle a aimé le musée. Et aussi, quand est-ce qu'ils se voient ?

C'était la question que Clara anticipait, et qui l'**inquiétait** un peu. Elle se sent timide, pas très sûre d'elle… Le téléphone, c'est pratique, c'est peu engageant ! Est-ce qu'elle va lui plaire encore la prochaine fois ? Elle répond que le printemps arrive, et que ce sera l'occasion de se voir dehors. Elle va voir Céline et lui confie son inquiétude. « Eh, qu'est-ce que tu crois, qu'il est super **à l'aise** et que ça ne l'inquiète pas ? Voyons, Clara, je suis sûre qu'il est aussi inquiet que toi. Dis-toi plutôt que rien n'est écrit. Peut-être que c'est lui qui ne va pas te plaire, au final ? » Clara sourit. C'est vrai, et c'est **apaisant**. Elle décide de prendre ça **comme** un jeu. **Vivement** le printemps !

Devoir (verbe) : to have to, must
Promettre (verbe) : to promise
Temporaire (adjectif) : temporary
Chemin (m) (nom commun) : path, way
Retrouver (verbe) : to find
Lire (verbe) : to read
Raconter (verbe) : to tell, to relate
S'inquiéter (verbe pronominal) : to be worried, to be anxious
À l'aise (locution verbale) : comfortable, at ease
Apaisant (adjectif) : calming
Comme (conjonction) : like
Vivement (adverbe) : can't wait for

Questions (Chapitre 10)

1. Que veulent faire Clara et Céline pour fêter la fin du semestre ?
a) Une soirée
b) Une promenade
c) Aller au musée
d) Une promenade et aller au musée

2. Qui Céline et Clara croisent sur la route pour aller au musée ?
a) Max
b) Anouk
c) Florence
d) Personne

3. Où s'arrêtent-ils pour boire un café pendant la promenade à vélo ?
a) Dans un café
b) Sur les quais
c) Dans un parc
d) Dans un restaurant

4. Que mangent les amis au restaurant ?
a) Une spécialité lyonnaise
b) Du poisson et des légumes
c) Un sandwich
d) De la viande

5. Est-ce qu'il fait un beau temps aujourd'hui ?
a) Oui, le soleil est de retour
b) Non, il pleut
c) Il fait froid
d) Il neige

10. Fin de semestre : Promenade et Musée des Confluences

Le week-end arrive, et avec lui, la fin du mois de février. Les parents de Céline sont ravis des excellentes notes de leur fille. Ils sont, en même temps, très encourageants envers Clara : en tant qu'étudiante étrangère, pour un premier semestre, c'est vraiment bien. Ils sont sûrs que le second semestre sera plus facile pour elle, et elle a déjà fait de très gros progrès en français. Son niveau de langue n'a pas besoin d'être impeccable, et maintenant elle sait comment se passent les partiels en France. Vraiment, pas de quoi s'inquiéter ! Florence encourage les filles à sortir pour fêter la fin du semestre, et à faire quelque chose de sympa ; pourquoi pas un musée et une promenade ?

Oui, c'est ça, c'est une bonne idée ! Les deux amies prennent le petit-déjeuner et se préparent pour une promenade. Céline demande à Clara de lâcher un peu son téléphone. Clara bougonne, mais son amie a raison ! Ce n'est pas très sympa pour les autres, et Julien ne va pas disparaître si elle ne lui répond pas dans la minute. Elles décident ensemble de faire une journée sans téléphone. Il fait très beau, elles vont prendre des vélos et faire une longue promenade. Ensuite, elles iront au Musée des Confluences : Céline adore ce musée

10. End of semester : Stroll and Museum of Confluences

The weekend arrives and, with it, the end of February. Céline's parents are delighted with their daughter's excellent marks. They are, at the same time, very encouraging to Clara: as a foreign student, for a first semester, it's really good. They are sure that the second semester will be easier for her, and she has already made great progress in French. Her language level doesn't need to be impeccable, and now she knows what the exams are like in France. Really, nothing to worry about! Florence encourages the girls to go out and celebrate the end of the semester, and do something fun; how about a museum and a walk?

Yes, that's a good idea! The two friends have breakfast and get ready for a walk. Céline asks Clara to put down her phone. Clara grumbles, but her friend is right! It's not very nice for the others, and Julien isn't going to disappear if she doesn't get back to him in a minute. Together, they decide to make a day without phones. It's a beautiful day, so they'll take bikes and go for a long ride. Then they'll go to the Musée des Confluences: Céline loves this museum and wants to show it to her girlfriend.

et elle veut le montrer à sa copine.

Le petit-déjeuner terminé, elles rangent, font la vaisselle, prennent une petite douche et s'habillent chaudement pour le vélo. Contentes de leur idée de faire une journée sans téléphone, ravies d'aller se balader entre filles, elles sortent rapidement et se dirigent vers la première station de vélo. C'est sur le chemin qu'elles croisent Max, par hasard. Il attend Anouk, ils ont prévu d'aller… au Musée des Confluences ! Quel hasard ! Génial, se disent-ils, passons la journée ensemble !

La promenade à vélo est fantastique. Ils descendent sur les quais et s'arrêtent plusieurs pour discuter sur un banc, pour regarder la vue, pour boire un café… En début d'après-midi, ils approchent du musée. Cette belle météo, ce grand ciel bleu, ça leur donne à tous l'impression que c'est déjà le printemps. Sur les vélos, ils se sentent libres. Anouk et Max ont l'air très amoureux, et Clara pense à Julien. Céline, elle, pense à manger.

« Bon, j'ai faim moi, pas vous ? dit-elle quand ils s'arrêtent.

- Il n'y a pas de restaurant dans le musée ? remarque Anouk.

- Si mais c'est pas donné, répond Max.

Breakfast over, they tidy up, wash the dishes, take a quick shower and dress warmly for the bike ride. Happy with their idea of a phone-free day, and delighted to be out and about with their girlfriends, they get out quickly and head for the first bike station. Along the way, they meet Max by chance. He's waiting for Anouk, and they're planning to go… to the Musée des Confluences! What a coincidence! Great, they say, let's spend the day together!

The bike ride is fantastic. They rode down to the quays, stopping several times to chat on a bench, look at the view, drink a coffee… By early afternoon, they were approaching the museum. This beautiful weather, this big blue sky, gives them all the impression that it's already spring. On their bikes, they feel free. Anouk and Max look very much in love, and Clara is thinking about Julien. Céline, she, is thinking about food.

- "Well, I'm hungry, aren't you? she says when they stop.

- Isn't there a restaurant in the museum? remarks Anouk.

- Yes, but it's not cheap, replies Max.

- Allez, c'est la fin du semestre, on peut se faire plaisir, il paraît que c'est très bon ! dit Céline. Et on n'est pas obligés de prendre le menu le plus cher ! »

C'est d'accord : ils vont au restaurant du musée. Clara découvre enfin ce bâtiment étrange et moderne qu'elle n'avait vu que de loin : elle ne sait pas si elle le trouve beau, mais c'est intéressant. Max explique que cette architecture divise les Lyonnais depuis le début. Il y a des gens contre et des gens pour. Mais ce qui est génial, c'est ce qui est à l'intérieur. Anouk ne rate pas une exposition temporaire, parce qu'elles sont toujours superbes, et Max adore la collection permanente.

Ils commencent par demander une table au restaurant. Le plat du jour n'est pas très cher et, c'est vrai, délicieux. Du poisson en papillote accompagné de légumes de saison, simple mais très bien cuisiné ! Quand ils ont fini, ils vont au musée et Clara oublie alors complètement Julien et son téléphone. C'est fantastique ! Quelle belle collection ! Et la scénographie, incroyable ! Tout est interactif, les lumières sont belles, et tout est passionnant. C'est Anouk qui explique alors l'origine du musée : avant, ces collections étaient au Musée Guimet, vers le parc de la Tête d'Or. Le musée était très vieux et il avait besoin d'un coup de neuf, mais c'était déjà magique, ces collections.

- Come on, it's the end of the semester, we can treat ourselves, I hear it's really good! says Céline. And we don't have to take the most expensive menu!"

It's agreed: they go to the museum restaurant. Clara finally discovers this strange, modern building she'd only seen from a distance: she doesn't know if she finds it beautiful, but it's interesting. Max explains that this architecture has divided the Lyonnais from the start. There are people against it and people for it. But what's great is what's inside. Anouk never misses a temporary exhibition, because they're always superb, and Max loves the permanent collection.

They start by asking for a table in the restaurant. The dish of the day is not very expensive and, it's true, delicious. Fish en papillote with seasonal vegetables, simple but very well cooked! When they've finished, they go to the museum and Clara completely forgets Julien and her phone. It's fantastic! What a beautiful collection! And the scenography is incredible! Everything is interactive, the lights are beautiful, and everything is fascinating. It's Anouk who explains the origins of the museum: before, these collections were at the Musée Guimet, near the Parc de la Tête d'Or. The museum was very old and needed a facelift, but these collections were already

C'est vraiment une collection de curiosités : des pierres, des squelettes d'animaux préhistoriques, des tissus, des papillons, des artéfacts antiques ou préhistoriques... Les concepteurs du Musée des Confluences ont décidé de raconter l'histoire de la vie sur Terre à travers ces objets. Il y a tellement de contenu que les quatre amis n'ont pas le temps de tout voir avant la fermeture du musée. Clara triche un peu, beaucoup de choses sont traduites en anglais. Elle apprend plein de choses et elle s'émerveille dans chaque pièce.

Ils doivent quitter le musée avant d'avoir fini mais se promettent de revenir bientôt avec Clara. Quand il fera mauvais, ou quand il y aura une nouvelle exposition temporaire !

Remontés sur des vélos, ils prennent le chemin du retour – non sans s'arrêter pour boire un thé sur la route. Mais Clara est maintenant impatiente de retrouver son téléphone... Et, quand les filles sont de retour, elle va s'enfermer quelques minutes dans sa chambre pour lire ses messages. Julien lui raconte sa journée, il veut savoir comment elle va, si elle a aimé le musée. Et aussi, quand est-ce qu'ils se voient ?

C'était la question que Clara anticipait, et qui l'inquiétait un peu. Elle se sent timide, pas très sûre d'elle... Le téléphone, c'est pratique, c'est peu engageant ! Est-ce qu'elle va

magical. It's really a collection of curiosities: stones, prehistoric animal skeletons, fabrics, butterflies, ancient or prehistoric artifacts... The designers of the Musée des Confluences decided to tell the story of life on Earth through these objects. There is so much content that the four friends don't have time to see it all before the museum closes. Clara cheats a little, as many things are translated into English. She learns a lot and marvels at each room.

They have to leave the museum before finishing, but promise to return soon with Clara. When the weather's bad, or when there's a new temporary exhibition!

Back on the bikes, they head back home - but not without stopping for tea along the way. But Clara can't wait to get back to her phone... And when the girls return, she locks herself in her room for a few minutes to read her messages. Julien tells her about his day; he wants to know how she's doing, if she enjoyed the museum. And also, when are they going to see each other?

This was the question Clara was anticipating, and which worried her a little. She felt shy, not very sure of herself... The telephone is convenient, but not very engaging! Will he like

lui plaire encore la prochaine fois ? Elle répond que le printemps arrive, et que ce sera l'occasion de se voir dehors. Elle va voir Céline et lui confie son inquiétude. « Eh, qu'est-ce que tu crois, qu'il est super à l'aise et que ça ne l'inquiète pas ? Voyons, Clara, je suis sûre qu'il est aussi inquiet que toi. Dis-toi plutôt que rien n'est écrit. Peut-être que c'est lui qui ne va pas te plaire, au final ? » Clara sourit. C'est vrai, et c'est apaisant. Elle décide de prendre ça comme un jeu. Vivement le printemps !

her again next time? She replies that spring is on its way, and that it'll be a good time to meet outside. She goes to see Céline and confides her concern. "Hey, what do you think, that he's super comfortable and doesn't mind? Come on, Clara, I'm sure he's as worried as you are. Tell yourself that nothing is written. Maybe you won't like him after all?" Clara smiles. It's true, and it's soothing. She decides to play along. Can't wait for spring!

Questions (Chapitre 10)

1. Que veulent faire Clara et Céline pour fêter la fin du semestre ?
a) Une soirée
b) Une promenade
c) Aller au musée
d) Une promenade et aller au musée

2. Qui Céline et Clara croisent sur la route pour aller au musée ?
a) Max
b) Anouk
c) Florence
d) Personne

3. Où s'arrêtent-ils pour boire un café pendant la promenade à vélo ?
a) Dans un café
b) Sur les quais
c) Dans un parc
d) Dans un restaurant

4. Que mangent les amis au restaurant ?
a) Une spécialité lyonnaise
b) Du poisson et des légumes
c) Un sandwich
d) De la viande

5. Est-ce qu'il fait un beau temps aujourd'hui ?
a) Oui, le soleil est de retour
b) Non, il pleut
c) Il fait froid
d) Il neige

Questions (Chapter 10)

1. What do Clara and Céline want to do to celebrate the end of the semester?
a) A party
b) A walk
c) Go to the museum
d) A walk and a trip to the museum

2. Who do Céline and Clara meet on their way to the museum?
a) Max
b) Anouk
c) Florence
d) Nobody

3. Where do they stop for coffee on their bike ride?
a) In a café
b) On the quays
c) In a park
d) In a restaurant

4. What do friends eat at the restaurant?
a) A speciality of Lyon
b) Fish and vegetables
c) A sandwich
d) Meat

5. Is the weather nice today?
a) Yes, the sun is out
b) No, it's raining
c) It's cold
d) It's snowing

Bonus 1
Recette des crêpes salées, tradition de la Chandeleur

Ingrédients

- 250 gr de farine de sarrasin ou de farine de blé
- 3 œufs
- 25 cl de lait
- 25 cl de bière
- 50 gr de beurre fondu
- 0,5 cuillère à café de sel fin

Élaboration

1. Versez la farine et le sel dans un saladier. Creusez un puits au centre.
2. Incorporez progressivement le lait et mélangez en ramenant la farine des bords vers le milieu.
3. Battez légèrement les œufs et incorporez-les à la pâte en fouettant énergiquement.
4. Versez progressivement la bière puis le lait sans cesser de fouetter, jusqu'à obtenir une pâte fluide et homogène.
5. Ajoutez le beurre fondu et fouettez à nouveau.
6. Laissez reposer la pâte 1 heure au frigo au moins (la pâte va libérer l'oxygène) et la sortir du frigo 30 minutes avant la cuisson.

Bonus 1
Recipe for savory crêpes, a tradition of Candlemas

Ingredients

- 250 g buckwheat or wheat flour
- 3 eggs
- 25 cl milk
- 25 cl beer
- 50 g melted butter
- 0.5 tsp fine salt

Preparation

1. Pour the flour and salt into a bowl. Make a well in the center.
2. Gradually stir in the milk, bringing the flour from the edges to the center.
3. Lightly beat the eggs and add to the batter, whisking vigorously.
4. Gradually pour in the beer, then the milk, whisking constantly until you have a smooth, fluid dough.
5. Add the melted butter and whisk again.
6. Leave the dough to rest for at least 1 hour in the fridge (the dough will release oxygen) and remove from the fridge 30 minutes before cooking.

Bonus 1
Recette des crêpes sucrées, tradition de la Chandeleur

Ingrédients

- 250 gr de farine
- 3 œufs
- 50 cl de lait
- 50 gr de sucre en poudre
- 1 pincée de sel
- 1 sachet de sucre vanillé (optionnel)

Élaboration

1. Mettez la farine et le sucre dans un saladier.
2. Cassez les oeufs un par un dans un petit bol et versez les dans le saladier.
3. Ajoutez une pincée de sel.
4. Mélangez la pâte à crêpes avec un fouet ou une grosse cuillère en bois.
5. Ajoutez progressivement le lait pour délayer la pâte.
6. Fouettez le tout jusqu'à obtenir une pâte bien homogène et sans grumeaux.
7. Laissez reposer la pâte 1 heure au frigo au moins (la pâte va libérer l'oxygène) et la sortir du frigo 30 minutes avant la cuisson.

Pour la cuisson des crêpes (salées ou sucrées)

Préférez une poêle à crêpes, très plate, fine et à rebords minces. Elle doit être chauffée à feu fort, avec du beurre de préférence (c'est meilleur et la cuisson est plus facile). Faire cuire une louche de pâte de chaque côté, entre 3 et 5 minutes, selon l'épaisseur. Souvent, la première crêpe est ratée !

Bonus 1
Recipe for sweet crêpes, a tradition of Candlemas

Ingredients

- 250 g flour
- 3 eggs
- 25 cl milk
- 25 cl beer
- 50 g caster sugar
- 1 pinch salt
- 1 sachet vanilla sugar (optional)

Preparation

1. Put the flour and sugar in a bowl.
2. Break the eggs one at a time into a small bowl and pour into the bowl.
3. Add a pinch of salt.
4. Mix the crêpe batter with a whisk or large wooden spoon.
5. Gradually add the milk to thin the batter.
6. Whisk until the batter is smooth and lump-free.
7. Leave the dough to rest for at least 1 hour in the fridge (the dough will release oxygen) and remove from the fridge 30 minutes before cooking.

To cook crêpes (savory or sweet)

Use a very flat, thin crepe pan with thin edges. It should be heated over high heat, preferably with butter (it's better and easier to cook). Cook a ladleful of batter on each side, between 3 and 5 minutes, depending on thickness. Often, the first crêpe is a failure!

Bonus 2
Clara's Book 3 in the series
Chapter 1: Le beau temps arrive : retrouvailles avec Julien

Le mois de février est un mois plus court que les autres. **Pourtant**, il a semblé très long à Clara. Elle ne s'est pas ennuyée, et elle a adoré, mais tellement de choses sont arrivées ! Maintenant, elle **se sent** vraiment chez elle en France. Elle parle avec **aisance**, elle **connaît** de nombreuses expressions, elle s'est fait plein d'amis, elle est partie à la montagne, elle **cuisine**, elle fait du vélo à Lyon, elle a ses cafés favoris, elle est allée à un concert... Et elle a rencontré un garçon ! Elle a l'impression qu'il s'est passé plus de choses en deux mois de sa vie que pendant les cinq dernières années aux États-Unis !

Le mois de mars est arrivé, et avec lui un grand soleil qui fait sourire tout le monde. On sent bien, cette fois-ci, la fin de l'hiver. Plus qu'une petite vingtaine de jours. Julien et Clara s'écrivent chaque jour un peu plus. Ils **s'entendent à merveille**. Ils connaissent maintenant la vie de l'autre, la famille, les études. Julien étudie la géographie. Il veut travailler dans l'humanitaire, il a **tenté** d'entrer à Bioforce, une école lyonnaise très réputée pour ses formations humanitaires. Mais il est un peu jeune et il manque d'expérience. Il se spécialisera plus tard dans la gestion de l'eau, qui est une composante essentielle dans les projets humanitaires. Il parle **couramment**

anglais et espagnol ; mais Clara et lui ne parlent qu'en français, et cela va très bien à Clara, car elle veut continuer à progresser. Ses premières inquiétudes sont passées et elle trouve facile de discuter avec lui en français, **finalement**. Il faut dire qu'il rend les choses **faciles** : il ne la **corrige** pas, il répond vite, il a beaucoup de choses à raconter… Et il a beaucoup d'humour, aussi !

Pourtant (adverbe) : however
Se sentir (verbe pronominal) : to feel
Aisance (f) (nom commun) : ease, facility
Connaître (verbe) : to know
Cuisiner (verbe) : to cook
S'entendre (verbe pronominal) : to get along
À merveille (locution adverbiale) : wonderfully
Tenter (verbe) : to attempt
Couramment (adverbe) : fluently
Finalement (adverbe) : finally
Facile (adjectif) : easy
Corriger (verbe) : to correct

Ces premiers jours de grand **beau** temps sont l'occasion pour Julien de **relancer** la question d'un café, ou d'une promenade. Clara, toujours un peu timide, se sent tout de même plus à l'aise et elle accepte avec plaisir. Il va bien **falloir** que cela arrive, se dit-elle. Et puis, elle a hâte de le revoir, en réalité. Elle ne **se souvient** même plus de son visage ! Tout ce qu'elle a est la photo de son profil de messagerie. C'est un peu **maigre**.

Ils **conviennent** de se retrouver le jeudi suivant, car ils ont tous les deux l'après-midi de libre après les cours. Normalement, Clara va à la bibliothèque avec Valentine, mais elle peut bien faire une exception. Elle travaille encore plus entre le lundi et le jeudi, car elle ne veut surtout pas perdre le niveau et elle a peur de ne pas **assurer** son second semestre. Ses notes n'étaient pas **catastrophiques**, mais elle sait qu'elle va devoir travailler dur si elle veut une bonne moyenne. Il est **hors de question** qu'elle **gâche** son année à l'université française !

Beau (adjectif) : beautiful
Relancer (verbe) : to bring up again (in this context)
Falloir (verbe) : to have to do
Se souvenir (verbe) : to remember
Maigre (adjectif) : meagre

Convenir (verbe) : to agree to
Assurer (verbe) : to perform (in this context)
Catastrophique (adjectif) : catastrophic
Hors de question (hors de question) : out of the question
Gâcher (verbe) : to waste

Mercredi, Clara annonce à Valentine qu'elle ne viendra pas le lendemain pour travailler avec elle.

« Aaaah, vous vous retrouvez, enfin ! lui dit Valentine avec un large **sourire**. Bon, j'espère que tu me raconteras tout ! On se voit le vendredi, comme d'habitude ?

- Oui, évidemment, on se voit vendredi ! répond Clara.

- Allez, profite bien. Je suis sûre que tout va bien se passer. Ne te maquille pas trop, reste calme et tout va bien se passer. Il n'y a aucune raison pour que tu sois **stressée**, conseille Valentine. Et puis, tu n'es pas obligée de l'apprécier. Tu verras bien !

- Qu'est ce qui te fait penser que je suis stressée ?

- Ton sourire **crispé** quand tu me parles de votre rencontre ! »

Et Clara rougit. Sourire crispé... Qu'est-ce que c'est ? Elle regarde rapidement dans son dictionnaire et sourit. Bon, elle va **se détendre**. Elle rentre à la **maison** et va préparer un thé dans la cuisine. Céline est déjà rentrée et elle discute avec sa mère. Elle comprend qu'elles parlent du futur et elle décide de les laisser **tranquilles**. Elle entend **seulement** parler d'appartement... Elle demandera plus tard à Céline de quoi il s'agit. En attendant, elle va dans sa chambre, avec son thé, et elle **regarde** dans son armoire... Comment va-t-elle s'habiller demain pour sa première rencontre avec Julien ? Elle n'a que des vieux vêtements... Elle choisit un joli pull bleu, un jean simple, gris et moulant, des ballerines. Ce n'est pas le plus important, se dit-elle ! Et elle suivra les conseils de Valentine : peu de **maquillage**, et pas de stress.

Mercredi (m) (nom commun) : Wednesday
Sourire (m) (nom commun) : smile
Stressé (adjectif) : stressed out
Crispé (adjectif) : tense, nervous

Se détendre (verbe pronominal) : to relax
Maison (f) (nom commun) : house
Tranquille (adjectif) : to let someone be, to leave someone alone
Seulement (adverbe) : only
Regarder (verbe) : to look
Maquillage (m) (nom commun) : makeup

N'empêche, elle n'a pas trouvé le **sommeil**. Elle n'a presque pas dormi quand son réveil sonne le jeudi matin ! **Péniblement**, elle se lève, s'habille, prend son café en retard et court à la fac pour ne pas être en retard. **Zut**, quelle idiote… Ils ont discuté jusqu'à tard et puis voilà, elle n'a pas arrêté de penser à leur rencontre. Les cours lui **semblent** longs, mais en réalité, la matinée passe très vite, et elle range vite ses affaires pour courir au café à la fin du dernier cours. Elle **rate** le tramway, prend le bus, et elle réalise qu'elle va arriver en retard. Elle court et pousse la porte du café, en sueur, inquiète… Julien est là et il attend calmement. **Flûte** ! Elle n'a pas eu le temps d'aller aux toilettes pour **vérifier** que tout va bien !

« Pardon, je suis en retard, j'ai couru ! dit-elle en **bafouillant**.

- Aucun problème Clara ! On n'est pas pressés ! Tu prends un café ? Tu as l'air un peu fatiguée, dit-il avec un grand sourire.

- Oui, dit-elle. Non, enfin si, **attends**. Un allongé ! Sans sucre. Avec un verre d'eau ! »

Elle **s'installe**, le regarde – il la regarde. Ils se sourient, elle rit, et **soudainement** toute la pression **retombe**. Les doutes, les inquiétudes : Julien est très beau, il a l'air très détendu, et très gentil. Clara ne sait pas trop comment se comporter mais elle ne se sent plus mal à l'aise du tout. Et la discussion reprend, comme ils s'écrivaient la veille : fluide, et sympa. Le soir, Clara rentre chez elle, ravie, et **empressée** de revoir Julien.

Sommeil (m) (nom commun) : sleep
Péniblement (adverbe) : with difficulty
Zut (interjection) : drats, darn it
Sembler (verbe) : to seem
Rater (verbe) : to miss
Flûte (interjection) : drats, darn it
Vérifier (verbe) : to check

Bafouiller (verbe) : to stutter, to stammer
Attendre (verbe) : to wait
S'installer (verbe pronominal) : to sit down
Soudainement (adverbe) : suddenly
Retomber (verbe) : to come down
Empressé (adjectif) : eager

Questions (Bonus 2)

1. Comment Clara se sent-elle en France ?
a) Elle adore et s'est intégrée
b) Elle a du mal à se faire des amis
c) La langue française est très difficile pour elle
d) Elle se sent seule

2. Qu'est-ce que Julien étudie ?
a) L'humanitaire
b) La géographie
c) Le français
d) L'histoire de l'art

3. En quelle langue Clara et Julien communiquent ?
a) En anglais
b) En espagnol
c) En français
d) En allemand

4. Quel jour Clara et Julien se retrouvent ?
a) Ils ne sont pas encore prêts à se voir
b) Le lundi
c) Le mardi
d) Le jeudi

5. Comment se passe la rencontre entre Clara et Julien ?
a) Tout se passe à merveille, Clara n'est plus du tout mal à l'aise
b) Clara se sent mal à l'aise et ne sait pas trop quoi dire
c) Ils ne se sont pas parlés
d) Elle est très angoissée

(Bonus 2)

1. Le beau temps arrive : retrouvailles avec Julien

Le mois de février est un mois plus court que les autres. Pourtant, il a semblé très long à Clara. Elle ne s'est pas ennuyée, et elle a adoré, mais tellement de choses sont arrivées ! Maintenant, elle se sent vraiment chez elle en France. Elle parle avec aisance, elle connaît de nombreuses expressions, elle s'est fait plein d'amis, elle est partie à la montagne, elle cuisine, elle fait du vélo à Lyon, elle a ses cafés favoris, elle est allée à un concert... Et elle a rencontré un garçon ! Elle a l'impression qu'il s'est passé plus de choses en deux mois de sa vie que pendant les cinq dernières années aux États-Unis !

Le mois de mars est arrivé, et avec lui un grand soleil qui fait sourire tout le monde. On sent bien, cette fois-ci, la fin de l'hiver. Plus qu'une petite vingtaine de jours. Julien et Clara s'écrivent chaque jour un peu plus. Ils s'entendent à merveille. Ils connaissent maintenant la vie de l'autre, la famille, les études. Julien étudie la géographie. Il veut travailler dans l'humanitaire, il a tenté d'entrer à Bioforce, une école lyonnaise très réputée pour ses formations humanitaires. Mais il est un peu jeune et il manque d'expérience. Il se spécialisera plus tard dans la gestion de l'eau, qui est une composante

(Bonus 2)

1. Fine weather arrives: a reunion with Julien

February is a shorter month than most. Yet it seemed a very long time to Clara. She hasn't been bored, and she's loved it, but so much has happened! Now she really feels at home in France. She speaks fluently, she knows lots of expressions, she's made lots of friends, she's been to the mountains, she cooks, she bikes in Lyon, she has her favorite cafés, she's been to a concert... And she's met a boy! She feels like more has happened in two months of her life than in the last five years in the States!

March has arrived, and with it a big sun that makes everyone smile. It feels like the end of winter this time. Only twenty days to go. Julien and Clara write to each other a little more every day. They're getting on wonderfully well. They now know each other's lives, families and studies. Julien is studying geography. He wants to work in the humanitarian field, and has tried to get into Bioforce, a school in Lyon renowned for its humanitarian training. But he's a bit young and lacks experience. He later specialized in water management, an essential component of humanitarian projects. He speaks fluent English and

essentielle dans les projets humanitaires. Il parle couramment anglais et espagnol ; mais Clara et lui ne parlent qu'en français, et cela va très bien à Clara, car elle veut continuer à progresser. Ses premières inquiétudes sont passées et elle trouve facile de discuter avec lui en français, finalement. Il faut dire qu'il rend les choses faciles : il ne la corrige pas, il répond vite, il a beaucoup de choses à raconter... Et il a beaucoup d'humour, aussi !

Ces premiers jours de grand beau temps sont l'occasion pour Julien de relancer la question d'un café, ou d'une promenade. Clara, toujours un peu timide, se sent tout de même plus à l'aise et elle accepte avec plaisir. Il va bien falloir que cela arrive, se dit-elle. Et puis, elle a hâte de le revoir, en réalité. Elle ne se souvient même plus de son visage ! Tout ce qu'elle a est la photo de son profil de messagerie. C'est un peu maigre.

Ils conviennent de se retrouver le jeudi suivant, car ils ont tous les deux l'après-midi de libre après les cours. Normalement, Clara va à la bibliothèque avec Valentine, mais elle peut bien faire une exception. Elle travaille encore plus entre le lundi et le jeudi, car elle ne veut surtout pas perdre le niveau et elle a peur de ne pas assurer son second semestre. Ses notes n'étaient pas catastrophiques, mais elle sait qu'elle va devoir travailler dur si elle veut

Spanish; but he and Clara only speak French, and this suits Clara just fine, as she wants to keep progressing. Her initial concerns have passed, and she finds it easy to talk to him in French after all. It's true that he makes things easy: he doesn't correct her, he responds quickly, he has lots to say... And he's got a great sense of humor, too!

These first days of fine weather are an opportunity for Julien to raise the question of a coffee or a walk. Clara, always a little shy, feels more at ease and gladly accepts. It's going to have to happen, she says to herself. Besides, she can't wait to see him again. She can't even remember his face! All she has is his e-mail profile picture. It's a bit meager.

They agree to meet the following Thursday, as they both have the afternoon off after school. Clara normally goes to the library with Valentine, but she can make an exception. She works even harder between Monday and Thursday, because she doesn't want to lose her level and she's afraid of failing her second semester. Her grades weren't catastrophic, but she knows she'll have to work hard if she wants a good average. There's no way she's going to

une bonne moyenne. Il est hors de question qu'elle gâche son année à l'université française !

Mercredi, Clara annonce à Valentine qu'elle ne viendra pas le lendemain pour travailler avec elle.

« Aaaah, vous vous retrouvez, enfin ! lui dit Valentine avec un large sourire. Bon, j'espère que tu me raconteras tout ! On se voit le vendredi, comme d'habitude ?

- Oui, évidemment, on se voit vendredi ! répond Clara.

- Allez, profite bien. Je suis sûre que tout va bien se passer. Ne te maquille pas trop, reste calme et tout va bien se passer. Il n'y a aucune raison pour que tu sois stressée, conseille Valentine. Et puis, tu n'es pas obligée de l'apprécier. Tu verras bien !

- Qu'est ce qui te fait penser que je suis stressée ?

- Ton sourire crispé quand tu me parles de votre rencontre ! »

Et Clara rougit. Sourire crispé... Qu'est-ce que c'est ? Elle regarde rapidement dans son dictionnaire et sourit. Bon, elle va se détendre. Elle rentre à la maison et va préparer un thé dans la cuisine. Céline est déjà rentrée et elle discute avec sa mère. Elle comprend qu'elles parlent du futur et elle décide de les laisser

waste her year at a French university!

On Wednesday, Clara tells Valentine that she won't be coming to work with her the next day.

"Aaaah, you're back together at last! says Valentine with a broad smile. Well, I hope you'll tell me all about it! Will I see you on Friday, as usual?

- Yes, of course we'll see you on Friday! replies Clara.

- Well, enjoy. I'm sure everything's going to be fine. Don't wear too much make-up, stay calm and everything will be fine. There's no reason for you to be stressed, advises Valentine. Besides, you don't have to like it. You'll see!

- What makes you think I'm stressed?

- Your tight smile when you tell me about your meeting!"

And Clara blushed. Tense smile... What's that? She quickly looks up the word in her dictionary and smiles. Well, she's going to relax. She goes home and makes a cup of tea in the kitchen. Céline has already returned and is chatting with her mother. She realizes they're talking about the future and decides to leave them

tranquilles. Elle entend seulement parler d'appartement... Elle demandera plus tard à Céline de quoi il s'agit. En attendant, elle va dans sa chambre, avec son thé, et elle regarde dans son armoire... Comment va-t-elle s'habiller demain pour sa première rencontre avec Julien ? Elle n'a que des vieux vêtements... Elle choisit un joli pull bleu, un jean simple, gris et moulant, des ballerines. Ce n'est pas le plus important, se dit-elle ! Et elle suivra les conseils de Valentine : peu de maquillage, et pas de stress.

N'empêche, elle n'a pas trouvé le sommeil. Elle n'a presque pas dormi quand son réveil sonne le jeudi matin ! Péniblement, elle se lève, s'habille, prend son café en retard et court à la fac pour ne pas être en retard. Zut, quelle idiote... Ils ont discuté jusqu'à tard et puis voilà, elle n'a pas arrêté de penser à leur rencontre. Les cours lui semblent longs, mais en réalité, la matinée passe très vite, et elle range vite ses affaires pour courir au café à la fin du dernier cours. Elle rate le tramway, prend le bus, et elle réalise qu'elle va arriver en retard. Elle court et pousse la porte du café, en sueur, inquiète... Julien est là et il attend calmement. Flûte ! Elle n'a pas eu le temps d'aller aux toilettes pour vérifier que tout va bien !

« Pardon, je suis en retard, j'ai couru ! dit-elle en bafouillant.

alone. All she hears is talk of an apartment... She'll ask Céline what it's all about later. In the meantime, she goes to her room, with her tea, and looks through her wardrobe... How is she going to dress tomorrow for her first meeting with Julien? She's got nothing but old clothes... She chooses a pretty blue sweater, simple gray skinny jeans and ballet flats. It's not the most important thing, she tells herself! And she'll follow Valentine's advice: little make-up, and no stress.

Still, she couldn't sleep. She's hardly slept at all when her alarm goes off on Thursday morning! Painfully, she got up, got dressed, had her late coffee and ran to the college so as not to be late. Damn, what an idiot... They chatted until late and then she couldn't stop thinking about their meeting. Classes seemed long, but in reality, the morning passed very quickly, and she quickly packed her things to run to the café at the end of the last class. She misses the streetcar, takes the bus, and realizes she's going to be late. She runs and pushes open the café door, sweaty and worried... Julien is there, waiting calmly. Blast! She hasn't had time to go to the bathroom to check that everything's okay!

"I'm sorry I'm late, I was running! she says, stammering.

- Aucun problème Clara ! On n'est pas pressés ! Tu prends un café ? Tu as l'air un peu fatiguée, dit-il avec un grand sourire.

- Oui, dit-elle. Non, enfin si, attends. Un allongé ! Sans sucre. Avec un verre d'eau ! »

Elle s'installe, le regarde – il la regarde. Ils se sourient, elle rit, et soudainement toute la pression retombe. Les doutes, les inquiétudes : Julien est très beau, il a l'air très détendu, et très gentil. Clara ne sait pas trop comment se comporter mais elle ne se sent plus mal à l'aise du tout. Et la discussion reprend, comme ils s'écrivaient la veille : fluide, et sympa. Le soir, Clara rentre chez elle, ravie, et empressée de revoir Julien.

- No problem, Clara! We're in no hurry! Would you like a coffee? You look a bit tired, he says with a big smile.

- Yes, she says. No, I mean, yes, wait. A long one! No sugar. With a glass of water!"

She sits down, looks at him - he looks at her. They smile at each other, she laughs, and suddenly all the pressure's off. The doubts, the worries: Julien is very handsome, he seems very relaxed, and very kind. Clara isn't sure how to behave, but she no longer feels uncomfortable at all. And the discussion resumes, just as it had the day before: fluid and friendly. In the evening, Clara returns home, delighted and eager to see Julien again.

Questions (Bonus 2)

1. Comment Clara se sent-elle en France ?
a) Elle adore et s'est intégrée
b) Elle a du mal à se faire des amis
c) La langue française est très difficile pour elle
d) Elle se sent seule

2. Qu'est-ce que Julien étudie ?
a) L'humanitaire
b) La géographie
c) Le français
d) L'histoire de l'art

3. En quelle langue Clara et Julien communiquent ?
a) En anglais
b) En espagnol
c) En français
d) En allemand

4. Quel jour Clara et Julien se retrouvent ?
a) Ils ne sont pas encore prêts à se voir
b) Le lundi
c) Le mardi
d) Le jeudi

5. Comment se passe la rencontre entre Clara et Julien ?
a) Tout se passe à merveille, Clara n'est plus du tout mal à l'aise
b) Clara se sent mal à l'aise et ne sait pas trop quoi dire
c) Ils ne se sont pas parlés
d) Elle est très angoissée

Questions (Bonus 2)

1. How does Clara feel in France?
a) She loves it and has integrated
b) It's hard for her to make friends
c) The French language is very difficult for her
d) She's lonely

2. What is Julien studying?
a) Humanitarian aid
b) Geography
c) French
d) Art history

3. In what language do Clara and Julien communicate?
a) English
b) Spanish
c) French
d) German

4. What day will Clara and Julien meet again?
a) They're not ready to see each other yet
b) Monday
c) Tuesday
d) Thursday

5. How is the meeting between Clara and Julien going?
a) Everything goes perfectly, Clara is no longer at all uncomfortable.
b) Clara feels uncomfortable and doesn't know what to say.
c) They haven't spoken
d) She's very anxious

ANSWERS

Chapter 1	Chapter 6	Bonus 2 - Chapter 1
1 : d	1 : b	1 : a
2 : b	2 : a	2 : b
3 : a	3 : c	3 : c
4 : c	4 : d	4 : d
5 : d	5 : b	5 : a

Chapter 2
1 : b
2 : a
3 : d
4 : a
5 : c

Chapter 7
1 : b
2 : a
3 : d
4 : d
5 : b

Chapter 3
1 : b
2 : c
3 : a
4 : b
5 : d

Chapter 8
1 : b
2 : d
3 : a
4 : c
5 : a

Chapter 4
1 : b
2 : b
3 : b
4 : c
5 : b

Chapter 9
1 : a
2 : b
3 : c
4 : a
5 : a

Chapter 5
1 : c
2 : a
3 : d
4 : b
5 : a

Chapter 10
1 : d
2 : a
3 : b
4 : b
5 : a

Download the Audiobook & PDF below!

www.ingramcontent.com/pod-product-compliance
Lightning Source LLC
Chambersburg PA
CBHW052058110526
44591CB00013B/2265